心怀童心　迈向成长

万物有科学·地理思维导图

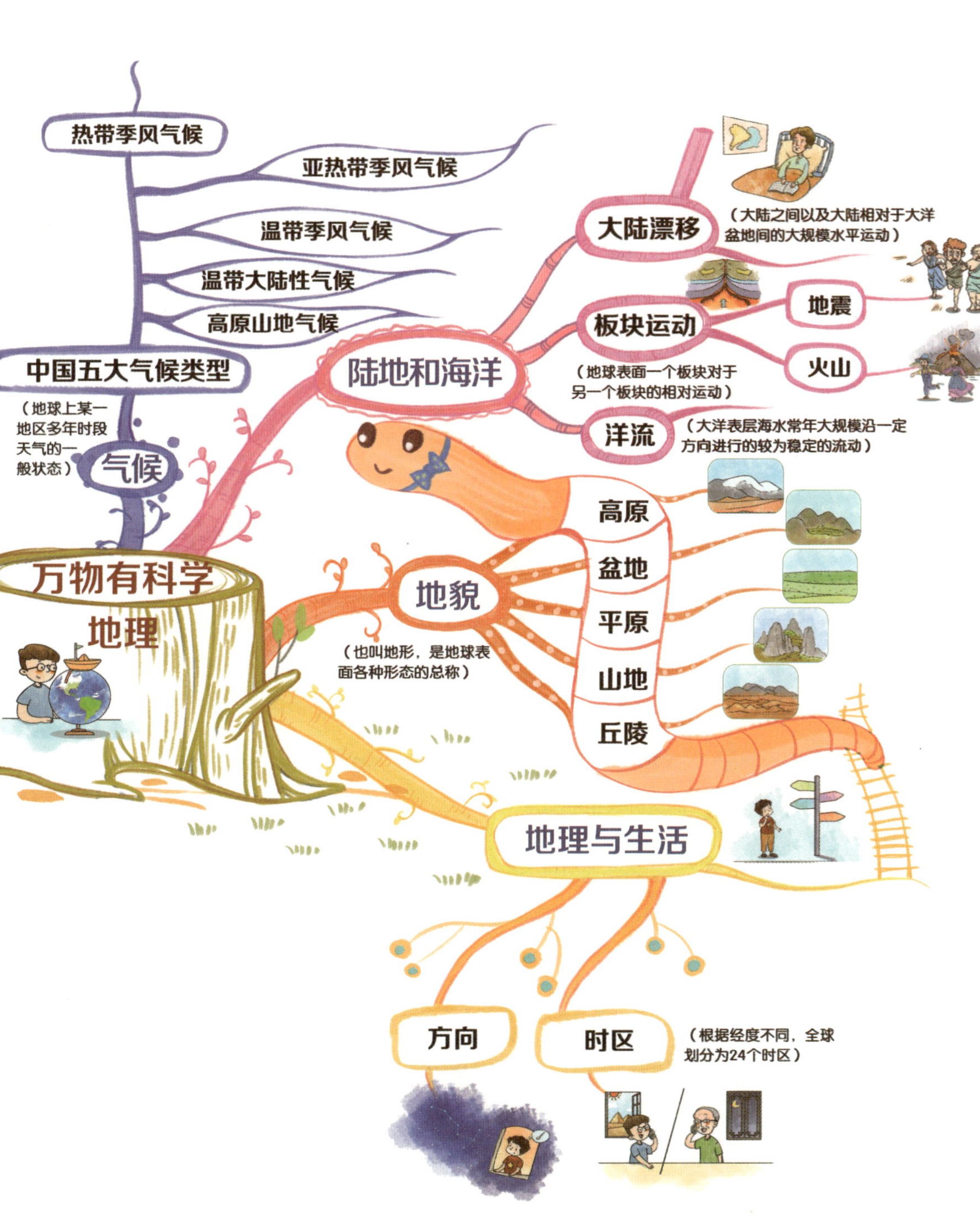
万物有科学
地理
气候
（地球上某一地区多年时段天气的一般状态）
中国五大气候类型
热带季风气候
亚热带季风气候
温带季风气候
温带大陆性气候
高原山地气候
陆地和海洋
大陆漂移
（大陆之间以及大陆相对于大洋盆地间的大规模水平运动）
板块运动
（地球表面一个板块对于另一个板块的相对运动）
地震
火山
洋流
（大洋表层海水常年大规模沿一定方向进行的较为稳定的流动）
地貌
（也叫地形，是地球表面各种形态的总称）
高原
盆地
平原
山地
丘陵
地理与生活
方向
时区
（根据经度不同，全球划分为24个时区）

图书在版编目（CIP）数据

地理带你去探险 / 陈媛媛著 . — 沈阳 : 辽宁人民出版社 , 2024.5
（万物有科学）
ISBN 978-7-205-11027-7

Ⅰ . ①地… Ⅱ . ①陈… Ⅲ . ①地理—世界—少儿读物 Ⅳ . ① K91-49

中国国家版本馆 CIP 数据核字 (2024) 第 019189 号

出版发行：辽宁人民出版社
地址：沈阳市和平区十一纬路 25 号　邮编：110003
http://www.lnpph.com.cn
印　　刷：河北万卷印刷有限公司
幅面尺寸：165mm × 230mm
印　　张：7.75
字　　数：100 千字
出版时间：2024 年 5 月第 1 版
印刷时间：2024 年 5 月第 1 次印刷
责任编辑：高　丹　李　曼
装帧设计：马姗姗
责任校对：郑　佳
书　　号：ISBN 978-7-205-11027-7

定　　价：35.00 元

陈媛媛/著
谢慧/绘

辽宁人民出版社

前言

你的脑子里是不是藏着一堆“为什么”：太阳为什么东升西落？水为什么会从水管里流出来？站在地球另一端的人为什么不会掉下去……如果我猜对了，那么祝贺你，你有成为一名科学家的潜质。

为什么这么说呢？现代科学幻想之父儒勒·凡尔纳曾说过：“只有探索才能知道答案。”牛顿因为好奇一个掉落的苹果发现了万有引力，莱特兄弟根据竹蜻蜓的原理发明了飞机，阿基米德在洗澡时看到澡盆中溢出的水发现了阿基米德定律……这些情景对每个人来说都不陌生，科学家们之所以能够取得伟大的成就，就是因为他们比常人更爱问“为什么”。

希望你永远怀有好奇之心，不要停止对科学探索的脚步。

你是不是觉得科学很高深，而且离我们很遥远？其实，科学离我们并不遥远，它就隐藏在触手可及的地方。我们生活的物质世界就是科学的世界，有太多的新事物和新发现等着我们去探索。

你一定见过晶莹剔透的雪花吧，还有冒着气泡的汽水、游乐场里呼啸翻滚的过山车、地球上的风雨雷电、天上的日月星辰……这些事物当中都蕴含着科学原理，就连我们穿的鞋子，都巧妙利用了摩擦力。可以说，科学无处不在，万事万物中皆有科学。

还要悄悄告诉你，科学既亲切又充满智慧，不管你是幼儿园的小朋友，还是迈进小学的大孩子，都可以跟科学做朋友。生活中遇到困难时，往往都是科学在关键时刻向我们伸出援手：在陌生的地方迷了路，科学会帮助你辨别方向；在体育课上想跑得更快、跳得更高，科学会为你奉上窍门；要出门玩耍，先看看天气预报，科学可以让你免受风吹雨淋。不仅如此，

科学还能教你制作美味佳肴、使用各种电器、保护自己的身体……它能使你了解身边的一切，所以，早点儿和它成为朋友，你将会充满智慧。

《万物有科学》将藏在我们身边的科学挖掘出来，在轻松幽默的故事中和你一起探索科学的原理。该套书将向你介绍物理、化学、天文、地理和身体五大类别的科学知识，共分八册，涉及力、力的运动、机械、能量、声、光、电、磁、热、化学反应、化学元素、地理、太空和身体等多个科学范畴，内容覆盖初中物理、化学课本 80% 以上的内容，在写作过程中，还参考了小学科学课程标准，包括 800 多个知识点，将看似神秘难懂的科学常识转化为通俗易懂的情景故事。相信读过《万物有科学》以后，你会惊叹：哇，科学原来如此简单，科学竟然这么好玩！

为了让你将学到的科学知识动手实践出来，书中还精心设计了游戏实验环节，故事后面的游戏或小实验，从重力体验、自制连通器、制作美味的晶体棒棒糖和原子模型，到模拟洋流、地球公转、人体呼吸系统，应有尽有，各种各样的趣味实验不仅让你玩得过瘾，还能巩固知识，培养动手能力。

或许你对科学还不太了解，或许一提起科学，你脑海里浮现出的都是公式、实验、各种晦涩难懂的定律和原理，觉得科学既枯燥又无聊，还有那么一点儿让人害怕。这些都没有关系，《万物有科学》将带你走进包罗万象的科学世界，成为你发现世界、认识世界的桥梁。愿每一位读过《万物有科学》的小朋友从此都爱上科学，积极探索，收获生活中的智慧。

童心布马科学项目组

目录

布马小镇主要人物登场

肯博士

布马小镇有名的科学家，聪明又迷糊，最大的爱好是做实验和搞些稀奇古怪的发明。

小鲁

热情、具有好奇心的小男孩，刚刚升入小学三年级。爱探索，充满行动力，不过时常会因为鲁莽冒失惹出麻烦。

阿布

细心、胆小、头脑灵活。喜欢看书，爱提问题，只是不擅长运动，为此有点儿苦恼。

小米

聪明、漂亮的学霸小女生，爱帮助别人。不过偶尔也会因为意见不同跟同学拌嘴。

布马1号

肯博士心爱的小机器人，自认为是肯博士的得力助手。有时会偷懒，工作太辛苦时还会发脾气。

布马2号

工作认真、任劳任怨的小机器人。头脑不太灵活，曾搞出过可怕的“洁厕灵事件”，害得肯博士晕倒在厕所里。

住在太阳系中的地球

地理概念

行星地球

阿布是个喜欢思考的孩子，这天，他突然对肯博士说道：“地球可真是一颗‘名不副实’的星球啊。”

肯博士被这古怪的话吓了一跳，连忙问道：“你为什么会这么想呢？”

阿布自然有自己的理由：我们脚下的地球已经存在了46亿年，在这么漫长的时间里，它一直居住在太阳系。和它同在太阳系中的“邻居”水星、金星、火星、木星、土星、天王星和海王星，名字中都带着一个“星”字，只有它的名字最特殊，明明是行星，却偏偏要叫“地球”。

“这个嘛，自然是有原因的。”肯博士跺了跺脚下的土地，回答道，“因为我们生活在陆地上，所以大家理所当然就把它称作地球了。”

地球其实是一颗大“水球”，它的表面有71%的面积被海洋所覆盖，陆地面积仅占地球表面积的29%，可谓七分海洋，三分陆地。

古时候，由于科技不发达，人们对地球产生了很多误解。其中最著名的就是“地心说”了。古希腊学者亚里士多德和托勒密认为，地球是宇宙的中心，所有的天体都围绕着它进行公转。在随后的 1000 多年里人们对此深信不疑，直到 16 世纪，哥白尼提出了“日心说”，这种错误的说法才逐渐被取代。

除了“地心说”，古人对地球还有很多其他的推测，比如在我国周朝时期，人们认为“天圆如张盖，地方如棋局”。古印度人则认为大地被四头大象驮着，大象则站在一只巨大的海龟身上。

直到 1961 年，加加林进入太空第一次看到了地球的全貌，人类才终于知道了地球的真面目。

1961 年 4 月，苏联宇航员尤里斯·加加林乘坐“东方 1 号”宇宙飞船飞往太空，历时 1 小时 48 分环绕地球一周后返回地球。他是人类历史

加加林和他乘坐的“东方 1 号”

上第一位飞向太空的人，也是第一个看到地球全貌的人。这次太空之行是人类史上一次了不起的壮举。从此以后，人们对地球有了更加准确的认识。

听了肯博士讲的故事，阿布心里痒痒的，他也想到宇宙中去看看地球。于是，肯博士启动了他的太空飞行器，带着阿布一起飞向太空。

肯博士将飞行器停了下来，阿布新奇地望着眼前的一切。

“亚里士多德看到这一幕肯定要失望了。”肯博士指着地球的位置说，“地球不但不是宇宙的中心，连太阳系的中心都不是。”

太阳才是太阳系的主角，它位于太阳系的中心，包括地球在内的所有行星都要围绕它公转。

阿布数着眼前的大小行星：“水星、金星、地球、火星、木星、土星、天王星、海王星，原来地球离太阳还有这么远的距离呀。”

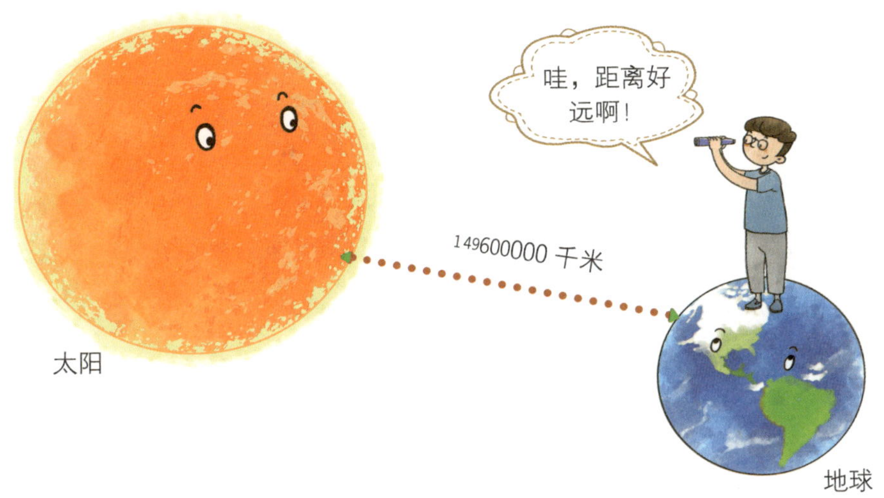

地球距离太阳大约 1.5 亿千米，别看我们离太阳那么遥远，其实这个距离是非常理想的。在这个位置上，不会像水星和金星那样，因为距离太阳太近而造成表面温度极高，在这里可以安心享受太阳带来的光和热，所以地球才成了几百万种生物的理想家园。

“警报！警报！”飞行器突然响起了预警信号，不知什么时候，月球移动到了他们附近。肯博士慌忙拉起操纵杆，飞行器和月球擦肩而过。

肯博士擦了擦额头的冷汗，松了口气：“好险，竟然把它忘了。”

月球是地球的天然卫星，它和地球形成了地月系统。地球一直绕着太阳公转，而月球则一直绕着地球公转。

月球公转的方向和地球自转的方向是一致的，都是自西向东。月球和地球一样也具有引力，不过这个引力很小，但是也足以引起地球上的潮汐现象。

“它会不会再回来？”阿布紧张地向四周观望。

肯博士安慰他：“放心吧，月球公转一周需要一个月的时间呢，我们暂时不会见到它了。”

阿布这才放下心来，重新欣赏起宇宙中的美景。多么奇妙啊，浩瀚的宇宙中竟然隐藏着一颗生机勃勃的星球。宇宙中会不会存在第二个“地球”呢？阿布猜想着，希望人类的科技不断发展，有朝一日能为我们揭晓答案。

地球位于哪个恒星系统？第一个看到地球全貌的人是谁？

小游戏

太阳系

看看下图，请你写出太阳系中八大行星的名字吧。

肯博士说

- 地球是太阳系八大行星之一，按离太阳由近到远排在第三颗。
- 地球有一个天然卫星——月球，地球和月球一起组成了一个天体系统——地月系统。
- 地球大约诞生于46亿年前，是目前已知的唯一存在生命的天体。
- 地球表面积约5.1亿平方千米，其中海洋占71%，其余29%为陆地。

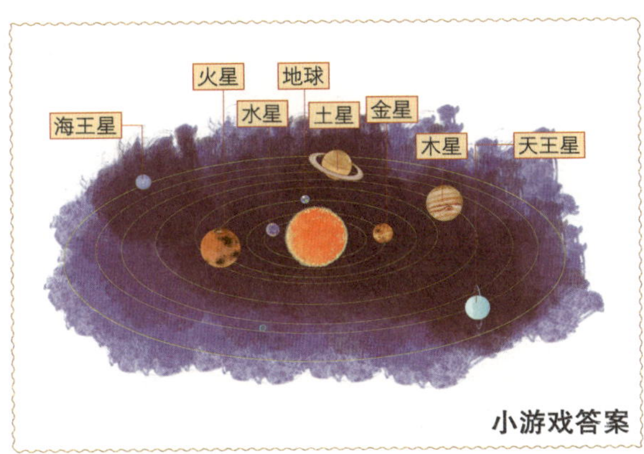

小游戏答案

地球的真面目

肯博士和阿布从太空回来了，飞行器一降落，他们就看见蹲在大门口苦苦等待的小鲁。

“你们去太空了？怎么不带上我？”小鲁气得直跺脚。

阿布摊摊手，无奈地说：“谁让你今天早上又睡懒觉了。”

肯博士把他们拍摄的太阳系的照片送给了小鲁，他这才露出了笑脸。不过，小鲁还是不太放心：“我在一本杂志上看过，地球其实像个梨，这张照片怎么看不出来？你不会是骗我的吧。”

小鲁说错了，地球可不像梨，不过也和我们想象的不太相同。我们见过的地球全景图大多是标准的圆形，可实际上，地球却是一个两极部位略扁、赤道稍鼓的不规则椭圆球体，不过，如果从数据上看，地球非常近似球体，仅凭肉眼可看不出来。

在古代，由于没有先进的观测技术，再加上人类活动范围的限制，

人们对地球的真实面貌了解得极为有限。东汉时期，我国著名的科学家张衡提出了“浑天说”，认为地球是球形的。古希腊的亚里士多德通过观察月食现象，也认为地球是球形的。后来，当人们在海边看到从远处驶近的帆船时，发现总是先看到船桅，后看见船身，才相信地球可能是个圆球，不过，这些都只是对地球形状的假想。

第一个用事实验证了地球是圆球的人是葡萄牙著名的航海探险家麦哲伦。14 世纪，麦哲伦率领的探险船队从西班牙出发，向西南方向渡过大西洋，穿过南美大陆南端的海峡，进入太平洋。随后向西穿过印度洋，绕过非洲南端的好望角，于 1522 年 9 月返回西班牙，历时 1082 天，首次完成了人类环绕地球一周的航行，是世界航海史上的一大成就，同时也用事实验证了地球是个圆球。

不过，到了现代，人们对地球又有了新的认识。

肯博士翻开一本科学杂志给小鲁看，上面记载着：经过科学家的精

麦哲伦航海探险

确测量，地球的赤道半径大约是 6378 千米，而两极半径大约是 6356 千米，所以地球是两极稍扁、赤道略鼓的椭球体。

1972 年 12 月 7 日，美国宇航员哈里森·施密特乘坐飞往月球的阿波罗 17 号飞船，在近 45000 千米的高空首次为地球拍摄了一张全景照，名为 “蓝色弹珠”。微信的启动页使用的就是这张照片。

你或许会问：“既然地球是椭球体，为什么地球仪要做成球形的呢？”

很多人都有同样的疑问，其实，这是因为，按照比例制作地球仪时，赤道半径和极半径（从地心到南极或北极的距离）的差距十分微小，仅凭肉眼很难察觉，所以，在制作地球仪时人们将它制作成了规则的球体。

原来如此，这下，小鲁总算是弄明白了，他开开心心地收下了肯博士的礼物。

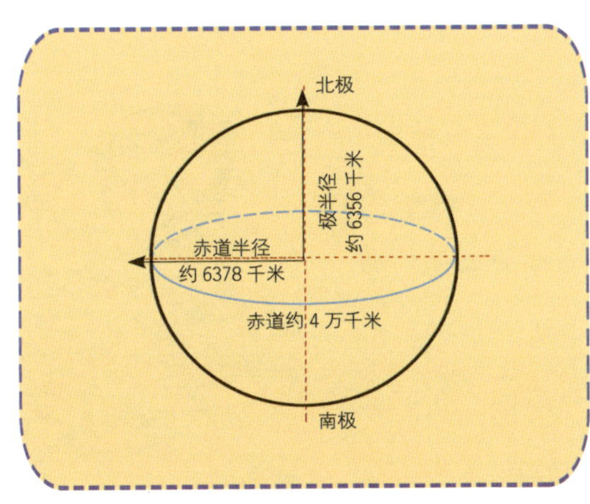

总的来说，在宇宙中看地球，还是可以把它看作一个规则的球体，小朋友，如果你长大后能去太空，那么可以亲自去看一看地球的样子。

思考

地球是个标准的球体吗？它是什么形状呢？

小实验

帆船进出港

地球到底是不是球体？既然不能去太空瞧一瞧，那就让我们来做个小实验验证一下吧。

安全提示：此实验需有家长陪同进行，使用剪刀时请注意安全

实验准备：15厘米长、10厘米宽的彩纸2张，剪刀，吸管1根，胶带，地球仪

实验过程：

1. 取一张彩纸，折成纸船；

2. 截取$\frac{1}{3}$吸管，一端剪出十字缺口，粘在纸船底部，使吸管竖起来当桅杆；

3. 再剪下一小块三角形彩纸粘在吸管上当旗帜；

4. 让纸船在地球仪上缓慢航行，观察者眼睛平视地球仪；

5. 让纸船在桌面上缓慢航行，观察者眼睛平视桌面。（也可以让帆船在其他形状的物体上模拟航行。）

地理原理：纸船在地球仪上航行，进港时先出现桅杆，然后出现船身，出港时正好相反。纸船在桌面上航行，进港时桅杆和船身一同出现。

- 地球并不是一个正球体，而是一个两极略扁、赤道稍鼓的不规则球体。
- 地球的平均半径约为 6371 千米，赤道周长约为 4 万千米，表面积 5.1 亿平方千米。
- 地球的不规则形状和它的引力大小，以及内部质量分布不均匀有关。

地球穿了几件外衣

小鲁最喜欢的玩具就是遥控跑车了，不过最近几天，他又发现了一个更新奇的东西，那就是肯博士实验室里的无人机。

今天，趁着肯博士对无人机进行测试，他软磨硬泡也要试一试。肯博士只好把遥控器交给了他。结果不出所料，小鲁操作失误，无人机从他们眼前飞走了。

小鲁看着越飞越高的无人机，顿时傻了眼：“肯博士，它不会飞到外太空去吧？”

肯博士摇摇头：“放心，它不会飞出大气层的。”

肯博士所说的大气层也被称为大气圈，它就像外衣一样包裹着整个

大气层包裹着地球

地球，是地球最外部的气体圈层。大气层厚度大约在 1000 千米以上，主要成分是氮气和氧气，另外还有一些其他气体。

肯博士一路追着无人机，还不忘向小鲁科普大气层的知识。好在不久之后，无人机在他们不远处降落了。小鲁跑过去，把它捡了回来。突然，他想起了刚才的一幕：几只麻雀从无人机旁边飞过。小鲁忍不住问道："肯博士，飞机飞行的时候，会不会撞到麻雀呀？"

肯博士笑了："不会，飞机在平流层飞行，麻雀飞不到那个高度。不过，飞机起飞和降落的时候，还是要当心的。"

对流层是最靠近地球表面的一层，人类和地球上的各种生物就生活在对流层中。对流层中的气体对流很活跃，不但做垂直运动，还会做水平运动，所以飞机起飞降落时往往会很颠簸，就是受了气流的影响。

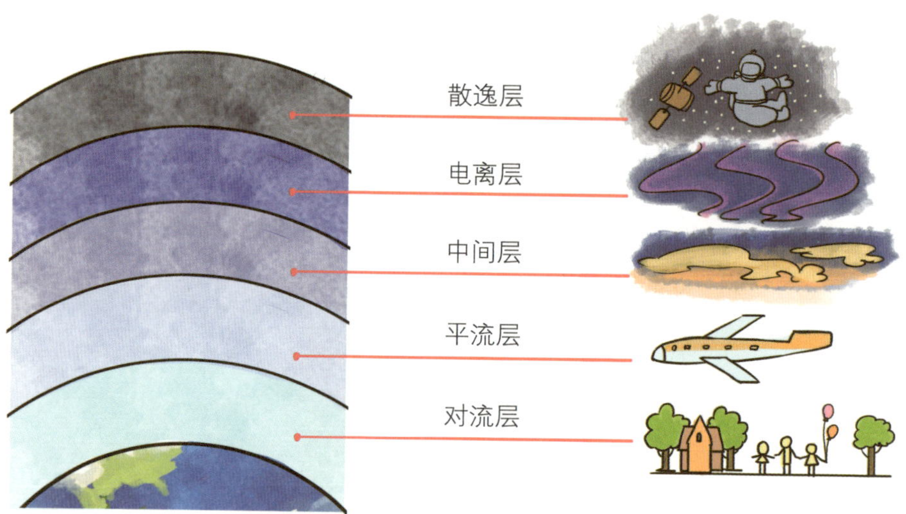

雨、露、霜、雪是水汽在大气中凝结而产生的，由于大气中的水汽几乎全部聚集在对流层，因此雨、露、霜、雪都是在对流层中产生的。

不过，当飞机提升高度，来到平流层时，飞行就变得平稳多了。因为平流层位于对流层之上，气流以水平运动为主，对流减弱，在这里几乎没有水汽，很少发生天气变化，所以飞机在飞行过程中主要在平流层中。

顶着太阳跑了一路，小鲁这才想起来，自己出门前忘记擦防晒霜了。“糟糕，这下要被晒黑了。”小鲁看了看自己晒得红红的胳膊，大叫了起来。

肯博士却说：“应该感谢臭氧层，要不是它，可就不是皮肤被晒黑、晒伤这么简单了。”

在平流层中，氧分子在紫外线作用下形成臭氧层，臭氧层就像一道屏障，保护着地球上的生物免受太阳紫外线的袭击。如果没有臭

氧层，人类将长期接受过量的紫外线辐射，很容易患上皮肤癌和白内障。

“这么吓人！”小鲁吐了吐舌头。这么说，平流层就是大气层的最外部了吗？当然不是。平流层之上还有中间层。中间层不但臭氧含量低，而且对流运动强盛，会出现奇特的夜光云。

再往上还有电离层，在这一层中，大气以等离子体的形式存在，从中间层顶部到海拔 800 千米的范围都是电离层，据人造卫星观测，在 300 千米高度的地方，气温就高达 1000℃以上。所以，这一层也叫作暖层或热层。

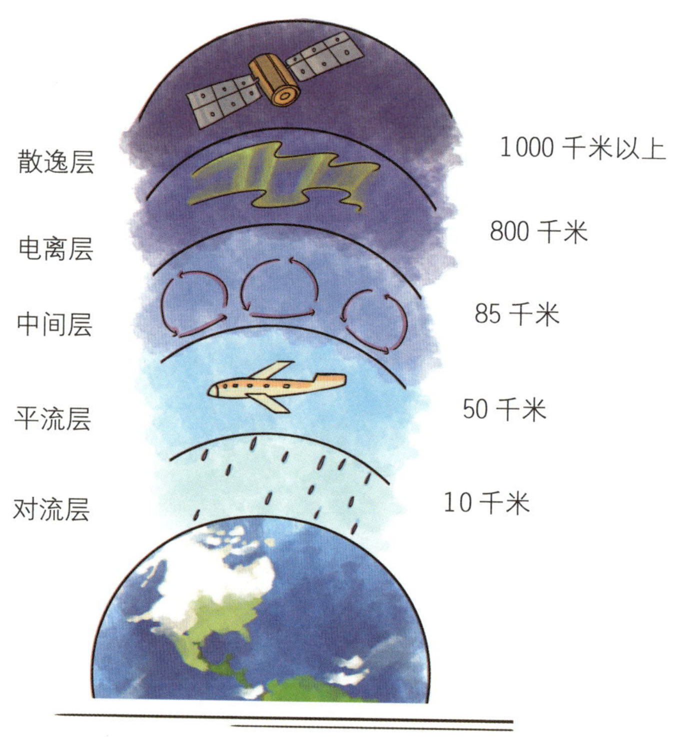

发生在南北两极的极光现象就是因为电离层的存在而产生的。

至于大气层的最外层，人们称它为散逸层，这一层的大气十分稀薄，受地球引力的约束也很弱，一些高速运动着的空气分子可以挣脱地球的引力和其他分子的阻力散逸到宇宙空间中去，所以这里和外界没有什么明显的界限。

如果没有了大气层，地球会怎样？这个问题肯博士可以回答你，大气对我们人类来说至关重要，既为我们提供了氧气，也给我们带来了风、雨、霜、露、雪，还有极光这种奇丽的景象。可以想象，大气对于我们人类，甚至生物界是多么重要了。

思 考

什么是大气层？飞机平稳飞行时（除起降外）是在大气层哪一层中？

小游戏

我知道的大气层

小朋友，大气层里都有些什么？请你将它们画出来吧。

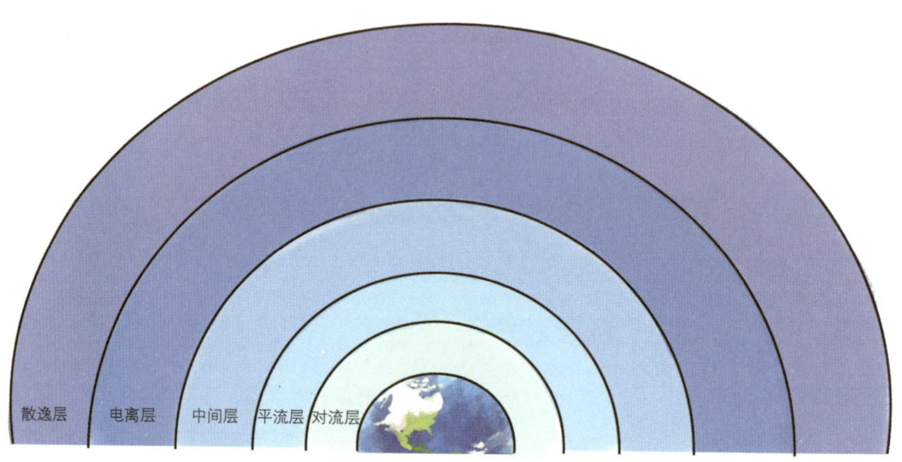

- 大气层也被称为大气圈，它包裹着整个地球，是地球最外部的气体圈层，包围着海洋和陆地。
- 大气层从内到外分为对流层、平流层、中间层、电离层、散逸层。
- 大气层的空气密度随高度而减小，越高空气越稀薄。大气层的厚度大约在 1000 千米以上，但没有明显的界线。
- 对流层是最靠近地球表面的一层，地球上的各种生物就生活在对流层中，飞机起飞降落也在对流层。

寻找消失的楼兰古国

“你知道楼兰古国吗？”阿布昨晚刚刚看了考古探秘节目，今天一大早就迫不及待地向小鲁炫耀，“在遥远的汉代，新疆罗布泊地区有个国家叫楼兰国。别看它的面积不大、人口也较少，但它却是当时丝绸之路的重要据点。不过，后来它竟然神秘地消失了。”

“怎么消失的？”小鲁对神秘现象最感兴趣了，马上追问了起来。

关于楼兰古国的消失，考古学家们做出过很多推测，有的说它是因为战争才消失的，但是，这种说法缺乏有力的证据。目前，最合理的说法是：楼兰衰败于干旱、缺水，生态恶化，迫使当时的人们不得不离开楼兰。也就是说，气候的变化，使神秘的楼兰消失了。

“那就不奇怪了，气候变化和我们的生活关系大着呢。”肯博士不知什么时候也凑到了他俩的身边。

气候和天气不同，它指的是一个地方多年的天气平均状况，简单地说，就是这个时间段内各种天气过程的综合表现。比如某个地区常年缺水，我们就会说这个地区气候干燥。

中国古代的二十四节气就和气候有关，它是人们通过观察太阳的周期运动，订立的一种用来指导农业劳动的补充历法。

世界上不同地区的气候类型也存在很大的差别，比如：热带雨林气候、热带草原气候、热带沙漠气候、热带季风气候、地中海气候、亚热带季风气候、温带海洋性气候、温带大陆性气候等。

阿布很好奇：“那我们国家属于哪种气候类型呢？”

这个问题有点儿复杂，因为即使是同一个国家，也可能存在多种不同的气候类型。就像我国，南北方的气候差异非常大，1 月的时候，黑龙江省最北部的平均气温低至 –32℃，正是乘雪橇、观赏冰灯的好季节。而海南省 1 月的平均温度却达到 16℃，温暖舒适。

小鲁羡慕极了："我要去黑龙江，坐雪橇，打雪仗。"

"先别忙，好玩的地方还多着呢。"肯博士笑着说道。中国南北纬度跨度大，东部和西部距离大海远近不同；加上地形复杂，所以气候类型多种多样，大致可以分为五种：温带大陆性气候、温带季风气候、亚热带季风气候、热带季风气候和高原山地气候。了解每个地区的气候类型，对我们的生活有很大帮助。

1 月的黑龙江省

1 月的海南省

7 月的暑假，你最想去哪里玩呢？实际上，夏季我国盛行来自东部、

南部海洋的夏季风，给我国的东部地区、西南地区、华南地区，都带来了丰沛的雨水，这时南北方气温差距不大，除西藏地区外，全国普遍是高温天气。这是因为，夏季太阳直射北半球，虽然我国北方太阳高度角比南方小，但是日照时间比南方长，因此得到的太阳热量差不多。

我猜，夏天最热的地方一定在南方。

阿布吐了吐舌头："我肯定不会去南方，那里一定很热。"

"真的吗？"肯博士眨眨眼睛，"这你可搞错了，中国 7 月最热的地区可不在最南部哟。"

不知道你是否还记得《西游记》里的火焰山，它就位于吐鲁番盆地的北缘。吐鲁番盆地 7 月平均气温为 32.7℃，最高气温曾达到 49.6℃，为此，当地人为它起了个非常贴切的名字——火州。吐鲁番盆地就是我国 7 月气温最高的地方。

吐鲁番盆地之所以会出现高温，一是盆地不易散热；二是那里沙漠广布，夏季升温快，中午的沙面温度最高达 82.3℃；三是空气干燥、云量少、太阳辐射强。

同样是夏季，我国的青藏高原由于海拔高，成为全国气温最低的地方。那里的五道梁 7 月的平均气温仅为 6℃。这是因为，在对流层，气温随着海拔的升高是降低的。一般海拔每升高 100 米，气温就下降 0.6℃。

青藏高原的平均海拔可是在 4000 米以上呢。

青藏高原海拔高，气温低

气候类型的多样化使得我国的生物资源也非常丰富，你可以在西北荒漠看到野骆驼，可以在青藏高原看到藏羚羊，还可以在西双版纳看到亚洲象……总之，世界上绝大多数的动植物都可以在这里找到生存之地。

“哇，我决定了，我要去青藏高原看藏羚羊！”这番话听得小鲁心痒痒的，恨不得现在就收拾行囊出发。你想好要去哪里过暑假了吗？别忘记和大家分享那里因为气候而具有的独特景象哦。

什么是气候？你最喜欢哪一种气候类型，为什么？

小实验

会预报气象的松果

你知道松果是怎样预报气象的吗？按照下面的步骤来测试一下吧。

安全提示： 此实验需有家长陪同进行

实验准备： 一次性纸杯，松果，小贴画

实验过程：

1. 将一次性纸杯倒扣，贴上小贴画进行装饰，制成展示架；

2. 将松果分别放在自制展示架上；

3. 将展示架和松果放置在窗台上，进行观察；

4. 你会发现，气候干燥时，松果就会打开；气候湿润时，松果就会合拢。

地理原理： 松果打开与合拢和湿度有关，松果里有很多羽毛一样轻盈的种子，当气候干燥时，松果就会张开，让种子们随风传播，分散在树林里。气候湿润，降水多的时候，松果就会合拢，保护种子。

- 气候是一个地方多年的天气平均状况，是该时段各种天气过程的综合表现。
- 气象的要素主要包括：气温、降水、风力等。
- 影响气候的因素有很多，比如太阳辐射、地球运动、地形地势、人类活动等。
- 气候和天气不同，具有稳定性，通常以冷、热、干、湿等特征来衡量。

一起来玩转圈圈

春分
4
夏至
1
冬至
3
秋分
2

肯博士的时空穿梭机经常出故障，每次飞行时都会不停地转圈，转得人头晕眼花。小鲁和阿布实在忍不住了，向肯博士抗议，如果再不维修机器，以后时空旅行中休想再让他们去做助手。

肯博士赶忙为自己辩解：“这样转来转去多有意思，再说，你们每天都和地球一起转圈圈，不是也没抱怨过吗？”

什么转圈圈？小鲁和阿布没有听懂。其实，肯博士是在说地球的公转和自转。

如果你留心观察，就会发现，夏天的太阳比冬天更加“勤劳”，不但升起得早，日照时间也更长。其实，这和地球的公转有关。地球按一定轨道围绕太阳转动，叫作地球公转。在公转的同时，地球还会绕着自转轴进行自转。

原来是这样，小鲁和阿布被肯博士的话唬住了，一时不知道应该怎样反驳他。肯博士得意地笑了，他可没有告诉小鲁和阿布，我们生活在地球上，早已经适应了这种转动。并且，地球自转时，我们也和它一起用相同速度进行自转，在这种情况下，我们实际上处于一种相对静止的状态，所以是感觉不到地球在转动的。

和我们转个圆圈相比，地球自转的速度可要慢多了。它每自转一周要耗时 23 小时 56 分 4 秒。这么慢的速度，人们是怎么发现地球在自转的呢？16 世纪，波兰天文学家哥白尼提出了“日心说”，他认为：月亮绕着地球转动，地球绕着太阳转动，而且地球每天都在自转。不过，这

只是个推测，直到 17 世纪，法国的物理学家让·傅科做了著名的“傅科摆实验”，才证实了地球的自转。他选用直径为 30 厘米、重 28 千克的摆锤，摆长为 67 米，将它悬挂在圆屋顶的中央，使它可以在任何方向自由摆动。摆的下面放有直径 6 米的沙盘。每当摆锤经过沙盘上方时，摆锤上的指针就会在沙盘上面留下运动轨迹。如果地球没有自转，则摆的振动面将保持不变；如果地球在不停地自转，则摆的振动面在地球上的人看来将发生转动。

实验中，大家发现，摆在悄悄地发生着“移动”，并且是沿顺时针方向旋转。有的人在摆动开始时，明明看到摆球运动到自己眼前，又荡了回去，可经过一段时间之后，摆球竟离自己越来越远。人们发现每次运动，摆尖在沙盘边沿画出的路线偏移约 3 毫米，每小时偏转 11° 20' 时，纷纷目瞪口呆。有人甚至在久久凝视之后说：“确实觉得自己脚底下的地球在转动！”

后来，傅科在全球不同的地点进行实验，发现摆的振动面的旋转周期随地点而异，纬度越低，转动一周需要的时间越长，在两极的旋转周期为 24 小时。振动面旋转方向，北半球为顺时针，南半球为逆时针。

这个实验就是地球自转最好的证明，北京的天文馆里也有“傅科摆”，有机会一定要去看一看。

正是由于地球的自转，才产生了昼夜交替，太阳、月亮、星星的东升西落和地区时差的现象。

和地球自转相比较，它围绕太阳公转的角速度更慢，转上一周的时间大概是 365 天。在这个时间内，地球上就会经历春夏秋冬四个季节。

地球还是个调皮鬼，它在绕着太阳跑的时候始终是“歪着身体”的。这个倾斜的角度是 23°26'。这就使它转到不同位置时，太阳光线在它身上留下的光影不同，给予的热也不同，从而就造成了南北半球季节的差异。也正是因为太阳直射和斜射的不断变化，使正午时太阳照射的角度不断变化。冬季时，太阳照射角度比较大，所以温度低。而到了夏天，太阳照射的角度比较小，所以温度高。

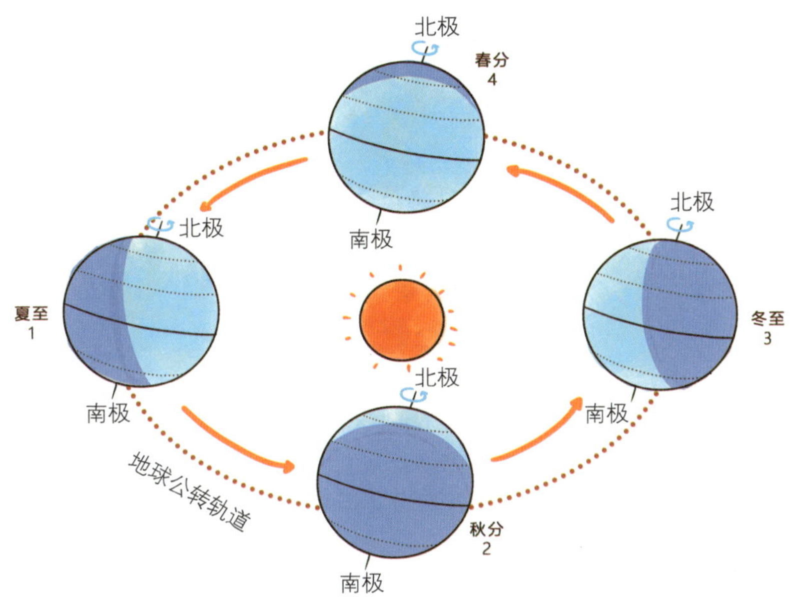

当地球转到位置 1 时，阳光直射北半球，斜射南半球，北半球是夏日，南半球是冬日。这时是我国二十四节气中的夏至，北半球的白昼时间达到最长，南半球的夜晚时间达到最长。此时，太阳直射到北纬 23°26′，是它能直射的最北的地方，这条纬线称为北回归线。

当地球转到位置 3 时，阳光直射南半球，斜射北半球，南半球是夏日，北半球是冬日。这时是我国二十四节气中的冬至，南半球的白昼时间达到最长，北半球的夜晚时间达到最长。此时，太阳直射到南纬 23°26′，是它能直射的最南的地方，这条纬线称为南回归线。

当地球转到位置 2 和 4 时，太阳都是直射赤道地区，太阳在南北半球的照射时间相同，南北半球的昼夜平分，是我国二十四节气中的秋分和春分。北半球为春季的时候，南半球为秋季。北半球为秋季的时候，南半球为春季。

“歪着身子转圈，地球还真是辛苦呢。”小鲁感慨地说。不过，正是因为地球的倾斜，才使太阳光线在地球上有了直射、斜射的变化，才使昼夜长短不断变化。

思考

什么是地球的自转和公转？地球自转和公转分别会引起什么现象？如果地球没有倾斜角度，地球上的季节是怎样变化的？

小实验

模拟地球公转

利用下面的材料，制作一个小型的地球公转场景，来体会一下其中的原理吧。

安全提示：此实验需有家长陪同进行，彩泥请勿接触眼耳口鼻

实验准备：小盆，红色彩泥，蓝色彩泥，白色彩泥

实验过程：

1. 用红色彩泥搓出一个圆球，压扁粘在小盆的中央，代表太阳；

2. 用蓝色彩泥混合少许白色彩泥搓出一个圆球，放在盆内，紧贴盆壁，代表地球；

3. 转动小盆，让“地球”按照自西向东的方向，围绕着“太阳”公转。

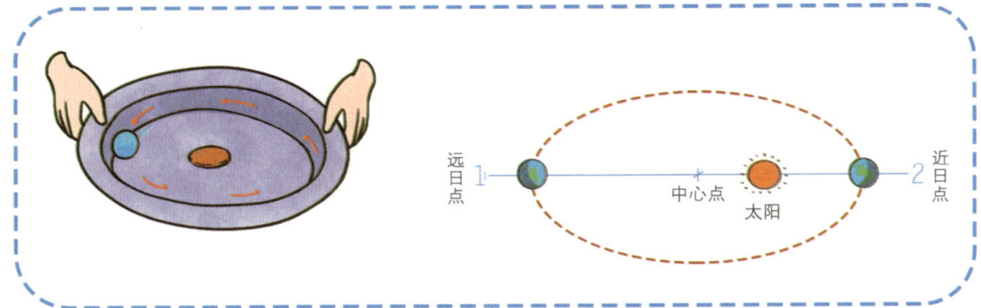

地理原理： 这个小实验模拟了地球围绕太阳公转的运动轨迹，实际上，地球围绕太阳公转的轨道是一个近似于正圆的椭圆，但是，太阳并不位于这个椭圆的中心。1 月初，地球转动到位置 2 时，地球离太阳距离最近，这一点叫近日点。7 月初，地球转动到位置 1 时，地球离太阳距离最远，这一点叫远日点。

- 地球沿公转轨道围绕太阳转动，叫作地球公转。地球绕自转轴自西向东的转动，叫作地球自转。
- 地球公转的周期大约为 365 天 5 小时 48 分 46 秒（恒星年）；地球自转的周期大约为 23 时 56 分 4 秒（恒星日）。
- 1851 年，法国物理学家傅科做了一次成功的摆动实验，证明了地球在自转，他使用的设备因此被命名为“傅科摆”。

漂移的大陆

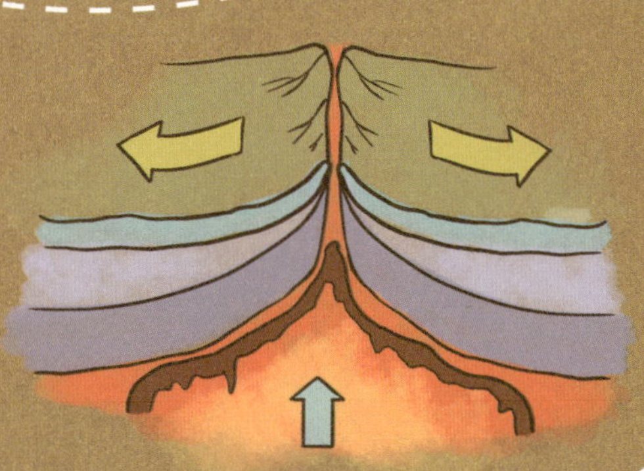

阿布的表哥送给他一幅由 3000 块拼图块组成的拼图，要拼好它可是一项大工程，于是，小鲁和肯博士都被阿布请来做帮手了。

结果，小鲁笨手笨脚，不少地方都被他拼错了。倒是肯博士心灵手巧，没一会儿就拼出了一大块区域。

“肯博士，你可真厉害。”阿布夸赞道。肯博士谦虚地回答：“没什么，这比地球的板块构造可要简单多了。”肯博士没说错，地球的板块还真和拼图有点儿相似呢。

我们的世界分为七大洲，分别是亚洲、欧洲、非洲、北美洲、南美洲、南极洲和大洋洲。这七大洲有些相邻，有些隔着大海重洋，不知你有没有这样的疑问，它们的位置和形状始终没有变过吗？

肯博士想起来了说："这个问题，德国气象学家魏格纳也曾提出过。"

"那是在 1910 年，一天，魏格纳身体不舒服，正躺在床上休息。他的眼睛不经意间扫过墙上的地图，突然发现，南美洲东岸凸出的部分和非洲西岸凹进去的部分形状非常吻合，好像可以拼合在一起。难道说，南美洲和非洲曾经是连接在一起的吗？"

"为了证实这件事，魏格纳走遍大西洋两岸寻找证据。经过多年的努力，他发现北美洲和非洲、欧洲在地层、岩石构造上有着一一对应的关系。另外，古生物学家也发现，在巴西和南非相同时代的岩石产生的地层中，有一种叫作中龙的小型爬行动物，它生活在远古时期的淡水中。迄今为止，在其他大陆上都没有找到这种动物的化石。而且，生活在淡水中的中龙绝对不可能穿越大西洋。这些都是大陆曾经发生

过漂移的有力证据。”

肯博士说到这里，拿起一张纸，“哧”一声撕成两半，然后又把它们拼在一起，说道：“看，南美洲和非洲就像这张纸，原本是一块，后来因为板块运动被分开了。”

1912 年，魏格纳提出了大陆漂移说：地球上所有大陆在中生代以前曾是一个统一的联合古陆，或称泛大陆，在它周围是围绕泛大陆的全球统一的海洋，称为泛大洋。之后，联合古陆解体、分裂，它的碎块，也就是现代各大陆块逐渐漂移到今日所处的位置。

阿布还有些不明白地问道：“为什么大陆会发生漂移呢？”

魏格纳就是因为没能解释出这个问题，所以“大陆漂移说”当时没能被科学界认可。直到 1960 年以后，科学家们相继提出了“海底扩张说”和“板块构造说”，才解释了大陆漂移的原因。

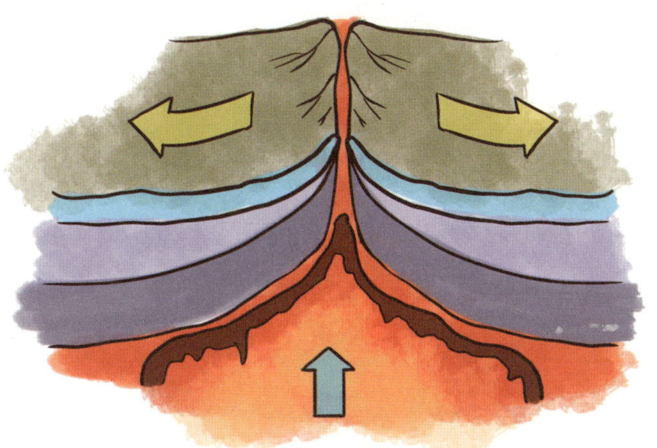

板块运动

在“板块构造”学说看来，地球表面的岩石圈并不是一个均匀的整体，在上面有分界线，这些分界线将岩石圈分为六个“刚性”板块。这些板块进行大规模水平运动，有的相互碰撞，有的相互分离，还有的彼此摩擦。由于这些运动的发生，才导致大洋扩张、大陆裂解和山脉形成。而且，地震、火山活动也大多发生在板块边界地带。

“哎呀！不好，拼图也发生‘大陆漂移’了。”小鲁突然大叫起来，原来他们说得太入神，不小心把拼图碰散了。看来，要修补好这块“陆地”，他们还需要一段时间，不过，和七大洲漫长的形成时间相比也就不算什么了。

肯博士还没有告诉你，现代科技的发展还为“大陆漂移说”提供了很多新证据，比如精确的大地测量的数据证实，大陆仍在缓慢地持续水平运动。看来地球的板块构造变化还没有停止，不知道几亿年后，它又会是什么样子呢？

什么是大陆漂移说？魏格纳为什么会提出这个学说？

模拟板块运动

想见识一下板块运动的威力吗？用饼干就可以进行简单的实验了。

安全提示： 此实验需有家长陪同进行，实验后的饼干和奶油请勿再食用

实验准备： 奶油，方形饼干 2 块，清水，盘子

实验过程：

1. 将奶油涂在盘子上，要涂得厚一些；
2. 方形饼干一侧分别放入清水中泡软；
3. 将饼干放在奶油上，两块饼干泡软的一边相对；
4. 向中间推两块饼干，使它们中间像小山一样隆起来。

地理原理： 地球的岩石层是由一块块板块构成的，这些板块都漂浮在具有流动性的地幔软流层之上。随着软流层的运动，各个板块也会发生相应的水平运动。板块运动时，两块板块相互挤压碰撞，地面隆起，于是山脉就形成了。

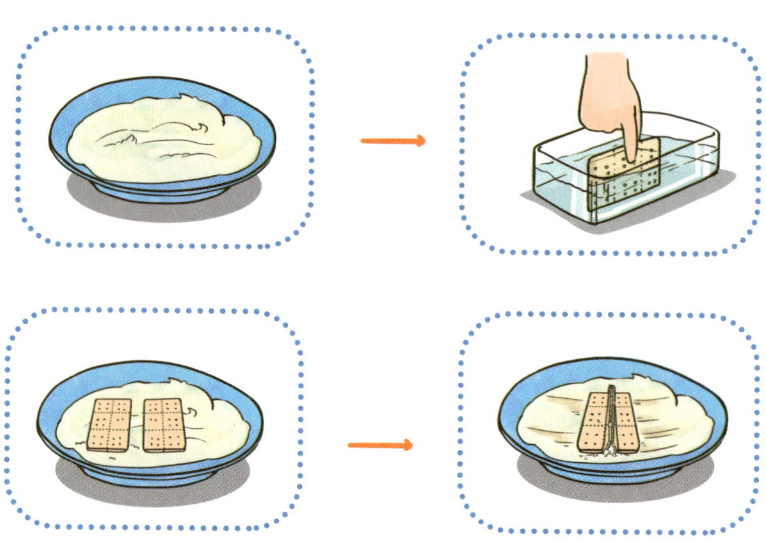

- 大陆彼此之间以及大陆相对于大洋盆地间的大规模水平运动，称为大陆漂移。
- 大陆漂移说认为，地球上所有大陆在中生代以前曾经是统一的巨大陆块，称为泛大陆或联合古陆，中生代开始分裂并漂移，逐渐到达现在的位置。
- 大陆漂移的主要证据有：位于南美洲的巴西东端直角突出的部分和非洲西岸呈直角凹进的几内亚湾非常吻合，大西洋两岸古生物群具有亲缘关系，在南美洲、非洲中部和南部、印度、澳大利亚都发生过广泛的冰川作用，等等。

水从哪里来

“肯博士，我快渴死了，什么时候才能找到水呀？”小鲁有气无力地问。

原来，肯博士又带着他和阿布外出旅行了。只不过，这一次的旅行地点是沙漠，这里又热又干燥，还没走到目的地，他们带的水就喝完了。所以，小鲁才会叫苦连天。

这时，驮着肯博士的骆驼好像有了发现，一路狂奔起来，小鲁和阿布赶忙跟了上去。原来，骆驼在沙漠中发现了一片绿洲。这下，水的问题解决了，他们可真是太幸运了。

“多亏了地球上的水循环呀，不然我们还不知道要忍到什么时候呢。”肯博士喝足了水，又开始滔滔不绝地讲起课来。

“水循环是什么？”小鲁现在也有心情刨根问底了。

肯博士在沙地上画起图来说：“水循环嘛，就是地球上不同地方的水，通过吸收太阳的能量，改变形态后转移到地球的另一个地方。”

比如新疆地区的绿洲，大多数都出现在靠近高山的地方。高山上的雪融化变成河流，流入沙漠的低谷形成地下水，随后地下水流动，经过沙漠的低洼地带，就会涌出地面，动植物有了水源就可以生长繁衍，于是慢慢地绿洲就形成了。

就算找到了绿洲，小鲁和阿布也觉得还是家里好，喝水用水都方便。不过肯博士却说："不要以为在家里就可以随便浪费水，别看地球 71% 的面积都被海洋覆盖，可地球上绝大部分的水都是咸水，能够供我们饮用的淡水只占这些水的不足 3%。"

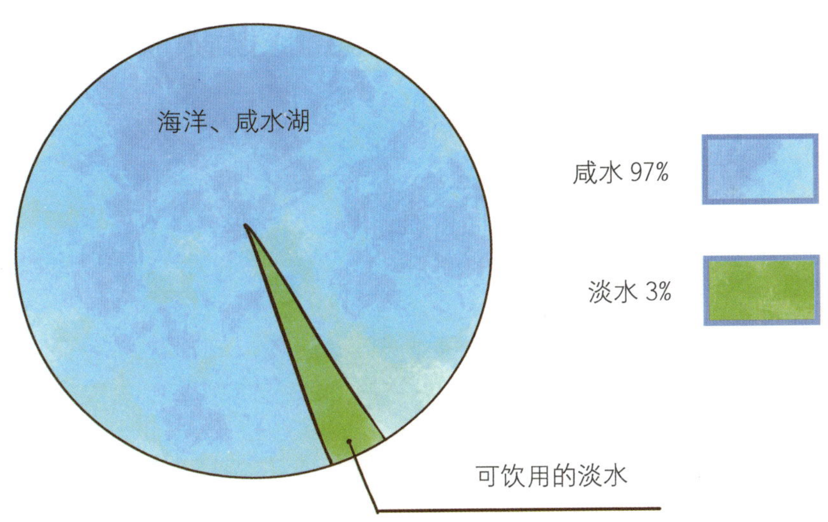

这 3% 的淡水又主要分布在南极和北极。南极和北极的冰川是最大的淡水库，拥有全球$\frac{3}{4}$的淡水。另外，还有近$\frac{1}{4}$的淡水分布在地下，而湖泊和河流水只占很少一部分。我们能够利用的淡水，主要就是河流水、湖泊水，以及浅层地下水，占地球总水量的 0.26%。

除了冰川的固态水，河流湖泊的液态水，地球上还有少量气态的水存在于大气中，那就是水蒸气。

小鲁心想，地球上的淡水真的这么少，那不早就被我们用光了吗？实际上，由于水的不断循环，使淡水不断得到补充，所以才能够源源不断地供人类使用。

地球上的水是如何循环的呢？在太阳能的作用下，地球表面的水蒸发到大气中，在一定条件下形成雨、雪等降水，使得水又重新回到地球表面。之后，水又从地球表面蒸发到大气中。就这样循环往复，水在不断地循环。

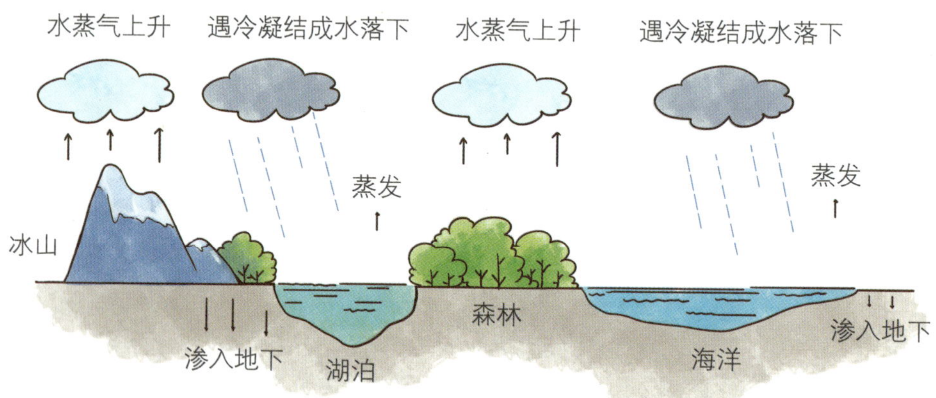

水循环可以分成不同的类型。

海陆间循环也被称为水的大循环，也就是从海洋蒸发出来的水蒸气，被气流带到陆地上空，凝结为雨、雪、冰雹等落到地面，一部分被蒸发

返回大气，其余部分成为地面径流或地下径流等，最终回归海洋。

陆地内循环发生在陆地和陆地的上空，主要经过“降水→地表径流和地下径流→蒸发”的复杂过程。

海上内循环也称为水的小循环，它是仅在局部地区（陆地或海洋）进行的水循环。

为什么有的地区会缺水呢？

原来如此，不过阿布还有个疑问：“既然海上、陆地上都有水循环，为什么有的地区还会缺水呢？”

“这个嘛，当然是因为时空降水的不均匀了。”肯博士向他解释道，“比如在我国，夏秋季降水多，冬春季降水少；南方降水多，北方降水少，这种特点也带来了水资源分布不平均的后果。不过，我们已经利用‘南水北调工程’来解决它了。”

科技的力量为我们的生存环境带来了改变。2002年，“南水北调工程”正式开工，到目前为止，东线及中线工程一期已经完工，并开始向北方地区调水。这项宏伟的工程将实际解决我国北方缺水的问题。

但是，一些人类活动也对水资源产生了影响，对森林的砍伐，以及城市中修建的不透水层建筑，已经引起了内陆水循环的变化。还有一些生产中产生的有害物质进入了水循环中，结果引起了酸雨，造成了土壤、海洋、河流以及地下水的污染。

说到这里，肯博士忍不住叹了口气：“地球上的储水量看起来很丰富，实际上可以利用的却少得可怜。即使地球上的水圈不知疲惫地不停运转，世界上很多地区仍然处于缺水的状态。如果人们还不知道保护水资源，那么这个情况还会不断恶化。”

小鲁和阿布听了，忍不住又望向了面前的绿洲，如果地球上缺水的状况愈演愈烈，那么这片美丽的绿洲也会消失不见吧。我们的生活中缺少淡水又会是怎样一种情景呢？但愿科技的力量能够合理维护地球上的水资源，让它能够循环往复，永不枯竭，让我们的家园不会遭遇水危机。

什么是水循环？沙漠绿洲中的水来自哪里？

小游戏

水的旅行

地球上的水是如何循环的呢？请你用笔将它“旅行”的路线画出来吧。

- 水循环指地球上不同地方的水，通过吸收太阳的能量，改变形态出现在地球的另一个地方。
- 水的循环可以分为海陆间循环、陆地内循环以及海上内循环。
- 地球上的水大部分存在于大气层、地面、地底、海洋、湖泊、河流中。水会通过蒸发、降水、渗透、表面流动、地底流动等，从一个地方移动到另一个地方。
- 地球上的水圈是一个永不停息的动态系统。

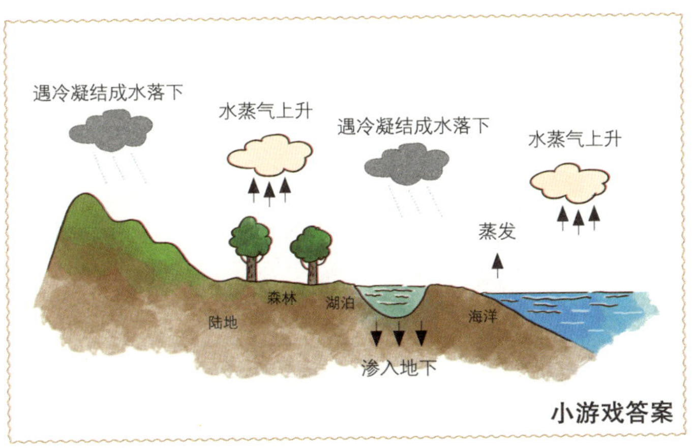

小游戏答案

帮助卫星定位的线

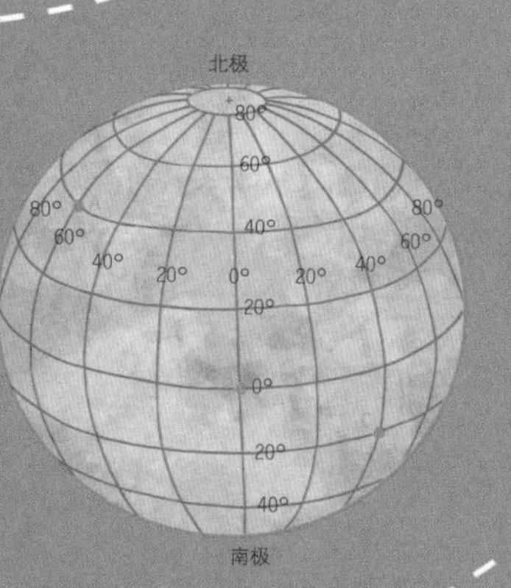

地理概念

经纬度

时空穿梭机都已经是第 100 次出现故障了，肯博士带着小鲁和阿布胡乱转了一整天，还是没有找到走出沙漠的正确路线。无奈之下，他只得向实验室拨打了求助电话。小机器人布马 1 号接到电话后，马上赶了过来，将他们领出了沙漠。

终于得救了，小鲁开心地举起小机器人转了个圈："布马 1 号，你真是太了不起了！"

受了埋怨的肯博士忍不住在一旁嘟囔着："它能找到这里，还不是因为我安装了卫星定位系统。"

肯博士没有吹牛，布马 1 号可以作证，它确实是根据卫星导航才找到他们的。可是，这里距离实验室那么远，这片沙漠又如此广袤，卫星是根据什么确定了他们的位置呢？

知道答案的当然只有肯博士了，这下他又得意地卖起了关子："你们玩过'纸上飞机大战'的游戏吗？这个游戏需要两人对弈，每个人都要各自画出一个网格，还要在网格里写上相应的坐标（先读横数，再读纵数）。然后你就可以秘密安置飞机了。各自安置飞机以后，就可以轮流报坐标对飞机展开攻击了。"

游戏的规则很简单，举个例子，图中三个飞机头的坐标为（0，2）（2，6）（5，3）。如果报了这三个坐标，就相当于击中飞机头部，被攻击者报"死"；如果报出的坐标击中飞机其他部位，被攻击者报"伤"。

游戏棋盘示意图

没击中飞机，被攻击者报“空”。

通过这个游戏你会发现，使用横纵两个数字就可以确定一个点的位置。在地球上，人们也假想出了经线和纬线，用来确定位置和方向。

“我想起来了，”阿布大叫一声，“在地球仪和地图上就有这两种线。”

肯博士欣慰地点点头：“没错，地球仪和地图上那些横竖交错的线就是经纬线。纬线是指示东西方向的线，经线是连接南北极的线，经线与纬线垂直。

“公元前 334 年，马其顿国王亚历山大渡海南侵，继而东征，随军地理学家尼尔库斯沿途收集资料，准备绘制一幅‘世界地图’。他发现沿着亚历山大东征的路线，由西向东，季节变换和日照时间都很相近。

于是，他画出了地球上第一条纬线，从直布罗陀海峡起，沿托鲁斯和喜马拉雅山脉一直到太平洋。

“之后，古埃及亚历山大图书馆馆长埃拉托色尼，测算出地球的圆周是 46250 千米，并画了一张有 7 条经线和 6 条纬线的世界地图。

“120 年，古罗马的天文学家、地理学家克罗狄斯 · 托勒密综合前人的研究成果，提出在地图上绘制经纬度线网，并绘制出一幅著名的‘托勒密地图’。但是经过 15 世纪初，航海家亨利的反复实践验证，‘托勒密地图’并不正确。后来人们认识到，正确地测定经度，关键需要有‘标准钟’。

“直到 18 世纪，英国的钟表工匠哈里森，用 42 年时间，相继制造了 5 台越来越精确的计时器，才使测定经度得以实现。尤其第五台计时器，只有怀表大小，测定经度误差只有 0.54 千米。与此同时，法国制钟工匠皮埃尔·勒鲁瓦设计制造的一种海上计时器也投入使用。”

肯博士又跑题了，眼看着他讲个没完没了，小鲁忍不住打了个哈欠，问道：“这些和卫星定位有什么关系吗？”

“急什么，我马上就要讲到了。”肯博士不理会他，继续说道，“从地球仪上，你可以仔细观察经纬线。纬线是一条条长度不等的圆，最长的纬线为赤道，又称 0° 纬线。以赤道为分界，向地球南北划分，各分 90 份，每条纬线都有对应的数值，也就是纬度。因此，南极是南纬 90°，北极是北纬 90°。

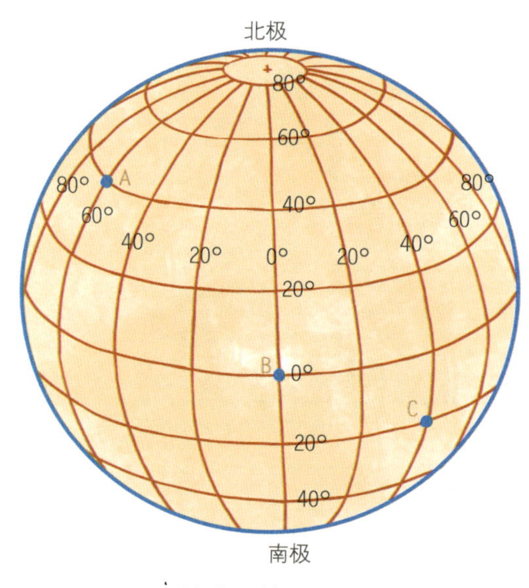

地球上的经纬网

“经线指示南北，又称子午线（古人以‘子’为正北，以‘午’为正南）。经线连接了南北两极，是等长的半圆。为了更加精确地表示某地的位置，经度和纬度的 1 度被分为 60 分，每一分又被分为 60 秒。就像我们为了

精确地计时，将 1 小时分为 60 分，1 分又分为 60 秒一样。有了经纬线，我们就可以确定地球上的每一个位置了。”

思考

什么是经纬度？南北极的纬度分别是多少？

小游戏

寻找宝藏

肯博士在一座神秘的岛屿上留下了宝藏，找一找这处宝藏在哪里？请你把正确的坐标写下来。

- 经纬度是经度与纬度的合称，经纬度组成一个坐标系统，称为地理坐标系统，它是一种利用三度空间的球面来定义地球上的空间的球面坐标系统，能够标示地球上的任何一个位置。
- 经度一般指球面坐标系的横坐标，是地球表面东西距离的度数，以本初子午线为 0°，其以东为东经，其以西为西经，东西各 180°。
- 纬度是地球上重力方向的铅垂线与赤道平面的夹角。0°～30° 为低纬度，30°～60° 为中纬度，60°～90° 为高纬度。
- 国际上规定，把通过伦敦格林尼治天文台原址的那一条经线定为 0° 经线，也叫本初子午线。

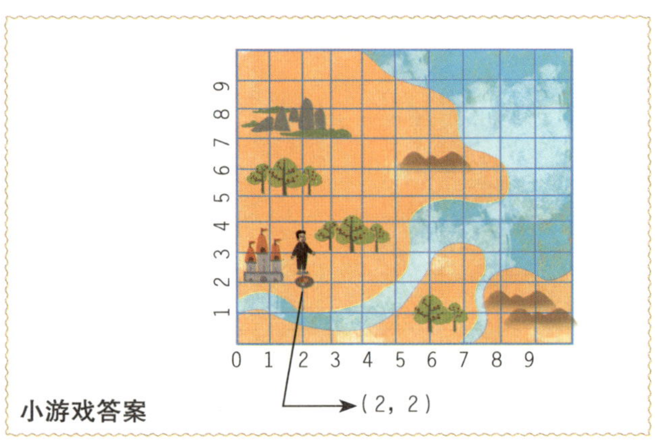

小游戏答案

和时间赛跑

“我们什么时候再去旅行啊？”才和肯博士从沙漠回来，小鲁又想出去玩了，他刚刚读完了《八十天环游地球》，很羡慕主人公的经历。

阿布也读过这本书，不过和书中的冒险情节相比，他更感兴趣的是结尾：按照约定，主人公要在八十天内环游地球一周，可他返回伦敦时迟到了 5 分钟，看上去一切都成了定局，可一天之后，事情出现了反转，人们在俱乐部里宣布他取得了胜利，原因竟然是他早到了一天。

“主人公为什么早到了一天呢？”阿布不解地问。

小鲁翻到了其中一页，指着一行字说道：“这里不是写了吗？他们一路向东走，所以多获得了 24 小时。”

可阿布还是不明白，一直向东就能多获得 24 小时，这是什么道理？小鲁也讲不清楚，两个人只好夹着书，一起去问肯博士。

两天没见，实验室里竟然多了一个巨大的地球仪，小机器人布马 1 号像杂技演员一样，在地球仪上走来走去。肯博士站在一旁看着它拍手大笑。

环游这个“地球”连 80 秒都用不了吧，小鲁和阿布暗暗想道，他们把书递到了肯博士面前，向他提了刚才的问题。

“这个问题太简单了，是时差帮助主人公获得了最后的胜利。”肯博士向布马 1 号招了招手，

它马上从地球仪上跳了下来。

由于地球自转，一天中太阳东升西落，太阳经过某地天空的最高点时为此地的地方时 12 点，因此，不同经线上具有不同的地方时。两个地区地方时之间的差就是时差。

小鲁和阿布凑到了地球仪跟前，他们发现这个地球仪很奇怪，上面画着很多奇形怪状的线。

肯博士指着这些线说道："你们不认识吧，这是时区。地球自西向东的自转产生了昼夜交替。在地球自转过程中，东边比西边会先看到太阳。因此，位于不同经线上的地区，不会同一时间迎接太阳，也就是时间不同。为了解决这个问题，1884 年在华盛顿召开了一次国际经度会议，又称国际子午线会议，规定将全球划分为 24 个时区。分别为中时区（零时区）、东一～十二区、西一～十二区。每个时区横跨经度 15° ，时间是 1 小时。最后的东、西第十二区各跨经度 7.5° ，以东、西经 180° 为界。每个时区的中央经线上的时间就是这个时区内统一采用的时间，称为区时。相邻两个时区的时间相差 1 小时。”

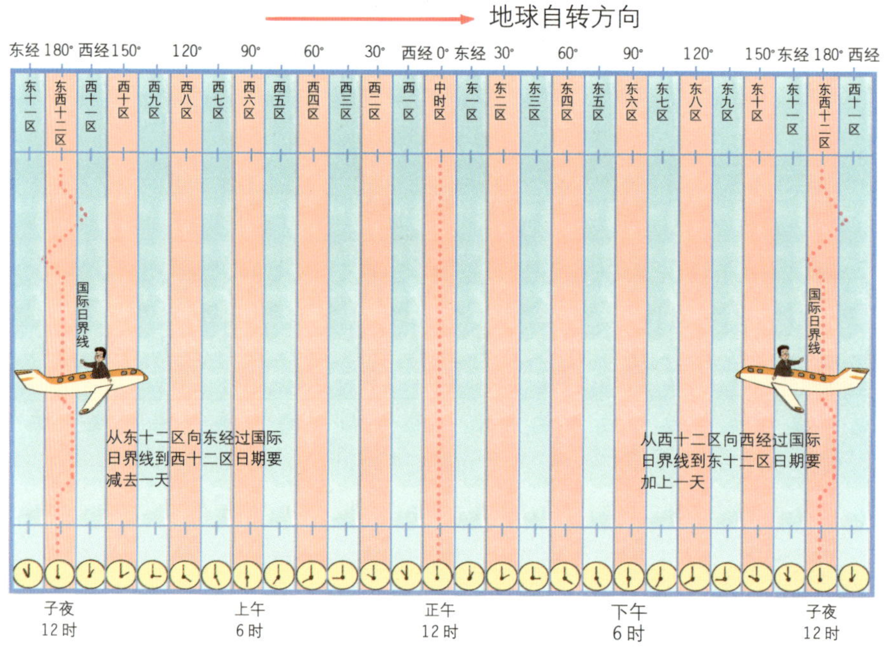

现在你明白了吗?《八十天环游地球》中的主人公一直由西向东前进，所以他每经过一个时区就应当把时间向前调 1 小时。这样，当他经过了 24 个时区后，就应该向前调 24 小时。可主人公只顾着赶路，把调时差的事忘得一干二净，所以明明提前一天回到了伦敦，他却以为自己迟到了。

“真是万幸，要是主人公从东往西前进，恐怕就要晚 24 小时到达了。”小鲁拍拍胸口，松了口气。

时区问题不只出现在小说里，它和我们的生活也是息息相关的。如果你去泰国旅游，就把手表调前 1 小时，因为我国位于东八区，泰国位于东七区，东七区比东八区早 1 小时。如果你去日本东京旅游，就要把手表调后 1 小时，因为东京位于东九区，比我国晚 1 个小时。因此，当你出国的时候，要根据当地的时区调整时间，这样才能与当地的时间保持一致。

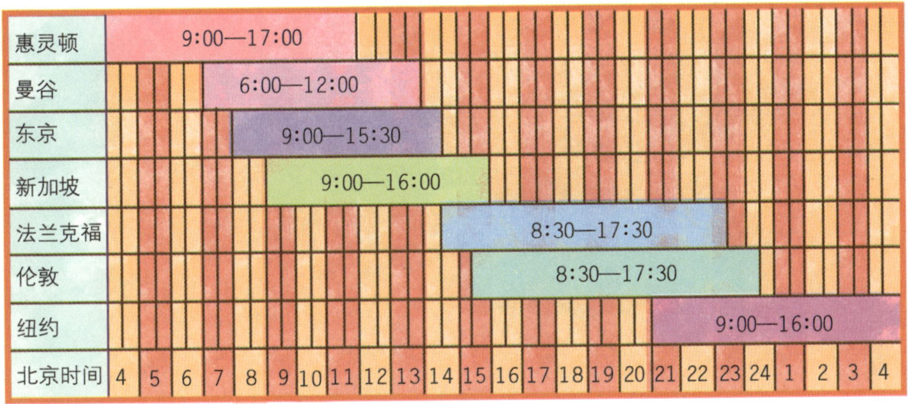

这时，淘气的布马 1 号又跳到了地球仪上，顺着它的脚步，阿布又发现了问题，有的国家同时跨越了几个时区，这该怎么办，难道在同一个国家也要使用不同的时间吗？

“当然不行，那样多麻烦呀。”肯博士指着中国地图说道，“一般为了在本国范围内使用统一时间，都采用某一个时区的时间作为全国统一的时间。例如，我国幅员辽阔，虽然跨越了东五区至东九区 5 个时区，但是把首都北京所在的东八区的时间作为全国统一时间，也就是‘北京时间’。而法国、英国、荷兰等地处中时区的国家，为了与欧洲大部分国家时间一致，采用了东一区的时间。”

现在，你应该明白时区的意义了吧，下次和爸爸妈妈一起出国旅行，一定要提前倒时差，这样才能适应当地的时间，保证精力充沛，游玩得畅快哦。

思考

什么是时区？《八十天环游地球》中的主人公为什么会取得最后的胜利？

小游戏

现在是几点

阿布和爸爸妈妈一起去开罗旅行，12:00 的时候，他给住在北京的爷爷奶奶打电话，算一算，这个时间，北京是几点？把正确的时间写出来。

- 1884 年在华盛顿召开了一次国际经度会议，又称国际子午线会议，规定将全球划分为 24 个时区。
- 每个时区横跨经度 15°，时间是 1 小时。最后的东、西第 12 区各跨经度 7.5°，以东、西经 180° 为界。
- 每个时区的中央经线上的时间就是这个时区内统一采用的时间，称为区时。相邻两个时区的时间相差 1 小时。

北京在东八区，开罗在东二区。向东跨过一个时区加 1 小时，向西跨过一个时区减 1 小时，北京在开罗的东边，跨过了 6 个时区，要加 6 小时，所以开罗 12:00 的时候，北京是 18:00。

小游戏答案

到地心去旅行

地理概念

地球内部结构

阿布是法国作家儒勒·凡尔纳的书迷，凡尔纳的作品《八十天环游地球》和《地心游记》是他最喜欢的两本书。

午休时间，他拿着书滔滔不绝地将书中的精彩片段念给肯博士听："于是，科学探险家黎登布洛克教授和他的侄子还有向导一起，在地心经历了整整三个月的探险……"

地心真像小说里
写的那样吗?

肯博士耸了耸眉头，说道："故事挺有意思，不过这些只是儒勒·凡尔纳的幻想，真正的地心可不是这样的。"

阿布就在等这句话，他马上兴奋地追问："那真正的地心是什么样子的？我们可以去看看吗？"

"那可不行，"肯博士打了个寒颤，"地球的最中心温度有 6000℃以上，别说三个月，只怕几秒钟我们就消失得无影无踪了。"

阿布失望地噘起了嘴，肯博士想了想，说道："我有办法了，让我们来做个解剖地球的实验吧。"于是，他打开了 3D 投影仪，只见，空中出现了一个足以以假乱真的"地球"。

肯博士装模作样地在"地球"上划了一下，它真的像个西瓜似的被切成了两半，阿布先是紧张地瞪大眼，接着又失望地低下了头。原来地球的中心并不像书里写的那样，既没有千奇百怪的动植物，也没有居住在地中心的神秘种族，它看起来就像是个鸡蛋的剖面。这就是地球的内部结构了，它从外到内依次是地壳—地幔—地核。

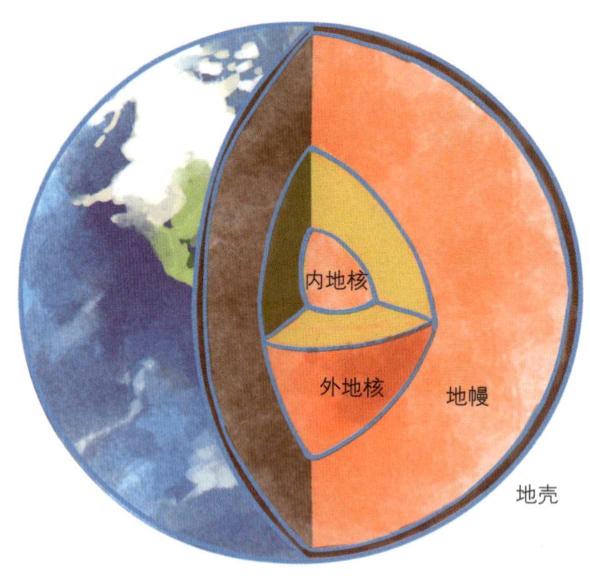

“原来地球内部这么无趣。”阿布撇了撇嘴，很不屑地说。

肯博士看穿了他的心思，说道：“你以为地球内部结构很简单吗？要知道人们探索地球内部区域可是经过了一段辛苦和漫长的过程，其中的曲折一点儿也不输给儒勒·凡尔纳的故事呢。”

1864 年，法国作家儒勒·凡尔纳出版了长篇科幻小说《地心游记》。当时的探险者已经征服了尼罗河源头、撒哈拉沙漠、非洲大陆、南北两极，但是对于地心却一无所知。可以说，这篇小说是人类对于未知区域探索的一种渴求。

地球内部到底是什么样子的？以当时的科技水平还无法知晓，于是人们便提出了很多有趣的猜想，比如英国天文学家埃德蒙·哈雷提出的“地球空心论”，除此之外还有人提出地球内有另一个世界，而这个入口就在北极。甚至有人曾经去北极寻找这个入口，结果当然是一无所获。

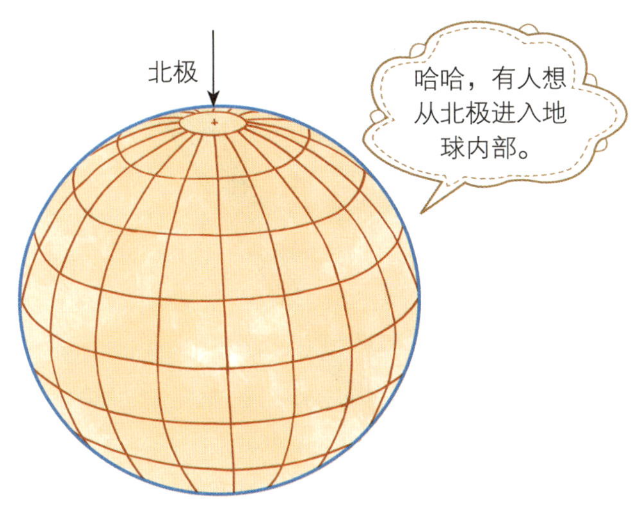

一直到 20 世纪，对地球内部的研究才有了重大的突破。1910 年，南斯拉夫地震学家莫霍洛维奇意外地发现，地震波在传到地下 33 千米处有折射现象发生。他认为，这个发生折射的地带，就是地壳和地壳下面不同物质的分界面。1914 年，德国地震学家古登堡发现，在地下 2900 千米深处，存在着另一个不同物质的分界面。后来，人们为了纪念他们，就将两个面分别命名为“莫霍面”和“古登堡面”，并根据这两个面把地球分为地壳、地幔和地核三个圈层。就像鸡蛋的蛋壳、蛋清和蛋黄。

肯博士又指着悬在半空的地球模型说道：“看，这个很像鸡蛋蛋壳的部分就是地壳了，地球上绝大多数生物生存活动都在地壳上，别看它好像只有薄薄的一层，实际上它的平均厚度可以达到 17 千米呢。”

“快赶上半程马拉松的距离了。”阿布忍不住吐了吐舌头。

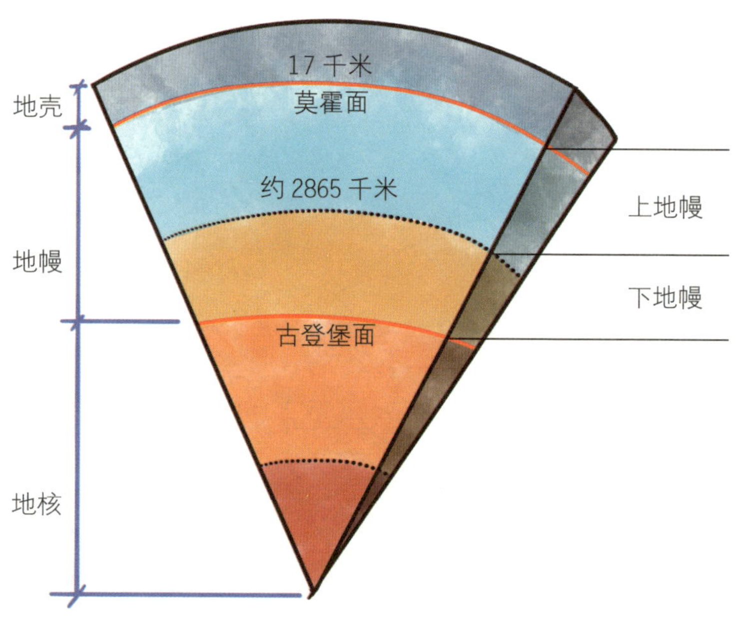

“这个‘蛋清’自然就是地幔了。”肯博士又指向了地幔部分，“这里是地球的中间层，厚度大约有 2865 千米，是地球内部体积、质量最大的一层。”

地幔又分为上地幔和下地幔，科学家认为上地幔顶部有一个软流层，那里可能是岩浆的发源地。软流层以上的地幔部分和地壳一起组成了地球的岩石圈。

听肯博士讲了这么多，现在阿布可不会认为地球内部太简单了，他指着地球中心那个“蛋黄”问道：“这就是地核吧，它又是什么样的呢？”

肯博士回答：“地核就是地球的核心，也就是最内部，这里的温度高达 4000℃ ~ 6800℃，主要由铁、镍等元素组成。”

不过，这些都是科学家们利用实验方法推算出来的，因为人类目前达到的地球最深处仍然没有超过 12262 米，也就是说连地壳部分都没能突破，真正见识到地心的原貌还只是人类的梦想。

地球内部是什么样的？它分为几部分？

解剖地球

来和我一起动手做个“地球”，再剖开它，看看内部的样子吧。

安全提示： 此实验需有家长陪同进行，实验后的彩泥和牙线请妥善处理

实验准备： 彩泥，牙线，垫板

实验过程：

1. 取红色彩泥，团成一个乒乓球大小的圆；

2. 红色彩泥球外包裹一层橘色彩泥，厚度大约和红色彩泥球的半径相等，然后团成圆球；

3. 再包裹一层黄色彩泥，厚度为橘色彩泥的$\frac{1}{2}$，团成圆球；

4. 再包裹一层棕色彩泥，厚度为黄色彩泥的$\frac{1}{2}$，团成圆球；

5. 蓝色彩泥混合少量绿色彩泥，厚度与棕色彩泥相等，包裹在最外层，团成圆球，地球制作完成；

6. 现在，用牙线慢慢将做好的地球剖开，就可以观察它的内部结构了。

地理原理：地球的内部结构从外到内依次是地壳—地幔—地核，就像鸡蛋的蛋壳、蛋清和蛋黄。

- 地球内部结构是指地球内部的分层结构。
- 根据地震波在地下不同深度传播速度的变化，一般将地球内部分为三个同心球层：地壳、地幔和地核。
- 莫霍面指的是地壳与地幔间的分界面，由南斯拉夫地震学家莫霍洛维奇发现，因此被命名为莫霍面。

跟着北极星走

晴朗的夜晚是观测星星的最好时机，小鲁搬出了他心爱的天文望远镜，邀请肯博士和阿布一起来欣赏星空的美景。

不一会儿，小鲁就有了新发现，“我看到勺子了！”

阿布好奇地向天空张望：“天上有像勺子的星座吗？在哪儿呢？”

肯博士看着夜空愣了一下神，说道：“我明白了，他说的是北斗七星。”

北斗七星是由 7 颗星星组成的像勺子一样的星图，勺子柄由 4 颗星构成，沿着末端的两颗星向前方延伸 5 倍距离，就能找到北极星了。

北极星可是人们最熟悉的一颗星了，它在北天极附近，因此成为在北半球的夜晚辨别方向的重要指示标。古时候，北极星可是人们辨识方

向的重要帮手。

“当你正对北极星的时候，你的正面就是正北方，与之相反的方向就是正南方了。”肯博士指着北极星对大家说。

这时，一朵乌云飘过，将北极星遮住了。

现在怎么办？肯博士还有别的方法分清方向吗？除了北极星，人们的确还曾使用过很多方法来分辨方向，比如太阳东升西落，树木年轮较稀疏的方向朝南，等等，不过阴天时无法观测太阳，树木不砍倒就无法看到年轮……可见，这些方法都会受到很多条件的限制。

肯博士不慌不忙地从口袋里掏出了一样东西：“不用发愁，我有指南针。”

指南针是一种非常理想的工具，有了它，人们就可以随时随地辨别方向，不用担心迷路了。

肯博士拿着指南针给小鲁和阿布看，只见上面标着四个方向：东、西、南、北，在地平面上，这四个方向被称为基本方向，其中东是和地球自转相同的方向，与它相反的方向是西。早晨面对太阳，右手的方向就是南，与它相反的方向是北。

东西方向和纬线方向相同，南北方向和经线方向相同。东西方向没有尽头，如果我们沿着纬线一直向东走，只是在绕着它不停地转圈。

阿布拿过了指南针，原地转了个圈，果然，指南针上的磁针始终都指着北方。肯博士告诉他：“面向北方站好，现在你的背后就是南方，

左手的方向是西，右手的方向是东。这就是人们常说的‘上北下南，左西右东’，这个方法叫作一般定向法。”

如果是在地图上，这个方法可就不好使了，这个时候你需要查找地图上的指向标，它的方向就是正北方。如果你在城市里，那就更简单了，街边的路标和手机上的导航都可以帮助你找到方向。

肯博士懂得真不少啊，小鲁和阿布听得入了迷。这时，乌云总算飘走了，北极星又出现在了大家面前。小鲁看着它，突然有了一个大胆的想法：“肯博士，跟着北极星走，能一直走到北极去吗？”

“有可能，”肯博士看着北极星说道，“如果我们现在站在赤道上，一直向着正北方向走，就能到达北极了。”

思考

什么是方向？你知道哪些辨识方向的方法？

小实验

自制指南针

按照下面的步骤制作一个简易指南针吧，试试看，它是不是可以为你指示方向。

安全提示： 此实验需有家长陪同进行，使用热熔胶时请注意安全

实验准备： 硬纸板，泡沫板，铷磁铁，热熔胶，剪刀，美工刀，水盆，清水，指南针

实验过程：

1. 在硬纸板上画出一个圆形，并用剪刀剪下来；

2. 用美工刀在泡沫板上裁切出一块正方形，边长与刚才的圆形直径相等；

3. 用热熔胶将剪好的圆形纸板和正方形泡沫板粘在一起，再将磁铁用热熔胶粘在圆形纸板上；

4. 在水盆中倒入清水，将做好的指南针雏形放进去，注意泡沫板朝下；

5. 拿出指南针（或打开手机上的指南针），根据上面的方向在指南针雏形上标上东、南、西、北，指南针制作完成。

地理原理：我们的地球是一个大磁场，指南针也带有磁性，根据“同性相斥，异性相吸”的原理，指南针的 N 极会始终指向磁场的北极，S 极会始终指向磁场的南极。

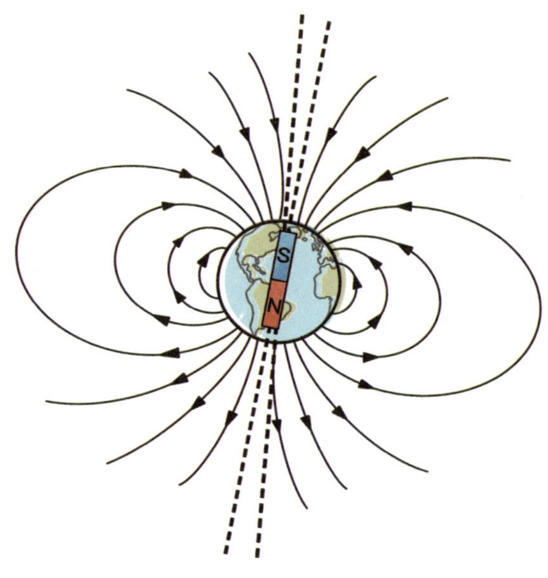

肯博士说

- 在地平面上，东、西、南、北被称为四个基本方向。
- 在地图上，如果标有方向记号，那么方位针箭头指向的方向就是北；如果没有标记，就是上方为北，下方为南，左方为西，右方为东。
- 南极和北极没有东、西方向，在南极点，周围的任何方向都是北；在北极点，周围的任何方向都是南。

翻越世界屋脊

地理概念

地貌形态

一大早，小鲁和阿布刚刚迈进校门，就被肯博士怪模怪样的打扮吓了一跳，只见他手拿登山杖，背着巨大的登山包，腰里还别着水壶，正在台阶上走来走去。

“肯博士，你这是在干什么？”小鲁忍不住问道。

肯博士停下脚步，得意地回答：“下个月我准备组织一次考察活动，地点就是青藏高原。那里平均海拔在 4000 米以上，被称为‘世界屋脊’，我当然要提前练习一下了。”

看来当科学家也要有个强健的身体啊，小鲁和阿布暗暗替肯博士捏了把汗。他们约好放学后，一起再去看看肯博士。没想到，这一次，肯博士没精打采地坐在台阶上，登山包也丢在了一边。

原来，他期待的考察之旅取消了，因为青藏高原地势太高，翻越起来难度太大，所以没有人愿意陪他前往。

“什么是地势呀？”小鲁不太明白。

肯博士正在伤心，不愿回答。还是阿布翻开了他的地理杂志，在上面找到了答案：地势就是地表的形态起伏的高低以及险峻形式。喜马拉雅山脉的珠穆朗玛峰海拔约为 8848 米，被称为“世界之巅”。

小鲁觉得这件事没什么大不了，既然去不了地势很高的地方，那就改去地势低的地方考察呗。

“有道理，让我好好想想，”肯博士从台阶上蹦了起来，说道，“我们国家的地势西高东低，就像这个台阶一样，第一阶梯最高，也就是青藏高原，平均海拔大约为 4000 米；第二阶梯由青藏高原北边的盆地和东面的高原组成，平均海拔 1000 ~ 2000 米；第三阶梯以平原和丘陵为主，海拔多在 500 米以下。”

看来，肯博士准备将考察的目的地向东推移了。他跑回实验室，在地图上兴奋地画起了路线。

正是由于我国西高东低的地势，从东面海洋上吹来的暖湿气流才能够顺利地流向内陆，为大部分地区带去丰富的降水。不过，由于海风在深入内陆的过程中力量逐渐减弱，所以也使得我国东部气候较湿润，而西部气候较干旱。

小鲁和阿布也围在旁边观看。小鲁向肯博士询问：“盆地是什么？”肯博士用手比了个水盆的形状，说道：“盆地看上去就像个盆子，它是地球表面长期沉降形成的区域。”

中国的盆地数量很多，它们主要分布在地势的第一阶梯和第二阶梯，其中塔里木盆地、准格尔盆地、柴达木盆地和四川盆地最为有名，被称为中国四大盆地。

盆地

“原来地形地貌和它们的名字有关联呀，盆地像个盆，那高原一定很高，平原一定很平了？”阿布好像发现了什么。

这可不一定，高原指的是海拔高度在 500 米以上的地区，不过并不是所有的高原都像青藏高原那样，它们有的山峦起伏，地势变化很大；有的平坦宽广，地势变化不大。

高原

世界上最高的高原是青藏高原，面积最大的高原是南极的冰雪高原。

相比之下，还是平原更符合它的名字。平原是地面平坦或起伏较小的一个较大区域，它分为两大类型：一类是独立型平原，比如东北平原、华北平原、长江中下游平原等；还有一类平原就比较复杂了，它们喜欢和盆地做伴，不是平原里有盆地，就是盆地里有平原，比如四川盆地就将成都平原、两湖盆地等都包含在其中了。

平原

阿布边听边点头，掐着指头算着：“高原、盆地、平原，肯博士刚刚还提到过丘陵。它又是什么样子的呢？”

山地

丘陵

丘陵则是由连绵不断的低矮山丘组成的地形，一般海拔在 500 米以下。从外形上看，它和山地有点儿像“兄弟”，只不过山地的海拔比丘陵高，是一般海拔在 500 米以上的高地，也是有很多山的区域。此外，山地的起伏比丘陵大。

高原、盆地、平原、山地和丘陵就叫作地貌形态，它们是根据地形形态和海拔高度等形态特征进行划分的。

肯博士已经画好了他的考察路线。小朋友，你最想去什么地方旅行？在地图上找一找，它属于哪种地貌形态呢？

除了按照地形、海拔特征划分的地貌外，科学家还根据地貌的形成原因进行了划分，比如喀斯特地貌、丹霞地貌、黄土地貌等。地球上还有很多有趣的地貌类型，就等你自己去发现了。

思考

什么是地貌形态？中国地势最高的地方在哪里？

小游戏

有趣的盆地

肯博士刚刚去盆地进行了考察，看一看，下面哪些描述符合盆地的特征，在□里画√。

1. 外观与盆子相似。□

2. 海拔在500米以上的高地。□

3. 主要分布在我国地势的第一阶梯和第二阶梯。□

4. 是地球表面长期沉降形成的区域。□

5. 地势平坦，起伏小。□

肯博士说

- 地形类型有5种基本类型：高原、盆地、平原、山地和丘陵。
- 地貌根据不同地质作用成因来划分，常见的是喀斯特地貌、黄土地貌、河流地貌等。
- 中国地势表现为西高东低，呈阶梯状分布，从青藏高原向东延伸到海面以下的大陆架，可以分为3个大的阶梯：青藏高原，平均海拔在4000米以上，是中国地势第一阶梯，号称“世界屋脊”；第二阶梯由青藏高原北边的盆地和东边的高原组成，平均海拔1000～2000米；第三阶梯以平原和丘陵为主，海拔多在500米以下。

小游戏答案

1. √；3. √；4. √。

海洋宝库

阿布的家里有一个巨大的水族箱，他一直想把它布置成海底世界的样子。可是，海底是什么样的呢？

“这还不简单，我们去海底看看，不就知道了。”肯博士说道，他早就盼着能去海底探险了。于是，在一个天气晴朗的周末，肯博士带着小鲁和阿布，一起乘着游艇出海了。

看着越来越远的海岸，小鲁和阿布忍不住兴奋地大叫起来，肯博士让布马1号驾驶游艇，自己悠闲地坐在舱外喝着柠檬汁，欣赏着海面的风景。这时，他突然站起来说道：“你们知道吗？别看我们总是称这个水域为海洋，实际上，海和洋可是不一样的。”

小鲁和阿布马上安静下来，凑到了他身边，好奇地问："它们有什么不一样呢？"

肯博士又喝了一口柠檬汁，慢条斯理地回答："海和洋区别很明显，海和我们更亲近些，它是海洋的边缘部分，靠近大陆，受大陆的影响较大，不过它只占海洋总面积的9.7%。洋离大陆很远，是海洋的主体部分，约占海洋总面积的90.3%。"

洋远离大陆，所以不受大陆影响，它的水温和盐度变化都不大。洋的普遍深度大于2000米。

突然，游艇停了下来，布马1号从驾驶舱出来向肯博士报告，他们已经到了一片非常适宜潜水的区域。

我们已经到了适宜潜水的区域。

于是，大家回到了驾驶舱内，肯博士按下按钮，游艇变成了一艘小型潜艇，慢慢潜入了海底。

我们在海边玩耍时，看到的只是海面的景色，那么，海底是什么样子的，是不是也像海面一样平坦呢？

这时，阿布叫了起来："快看，海底原来也有大山呀。"

肯博士笑着说道："这些都是海底山脉。20世纪20年代，人类就已经通过声波探测技术，了解到在四大洋中分布了地球上规模最大的山脉，总长约6.4万千米，称为洋中脊。除了海底山脉，这里还有深邃的海沟，最深的马里亚纳海沟深度达11034米，就算把世界最高峰珠穆朗玛峰放入沟底，山峰也不能露出海面。因此，马里亚纳海沟也是地壳最薄的地方。”

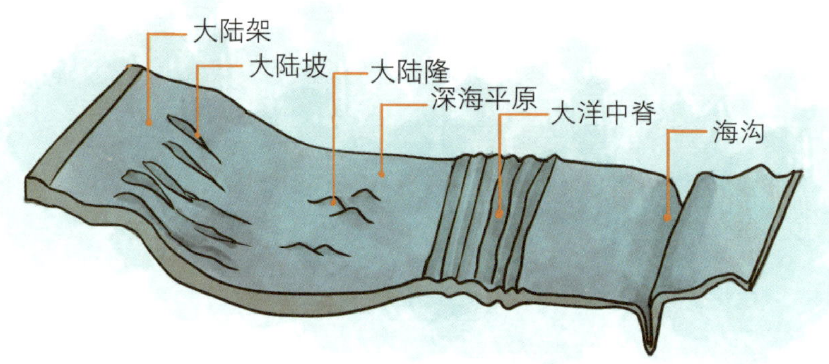

看来海底的地形比陆地上还要雄伟、复杂呢。

几个人正在说话，突然，不远处一个巨大的黑影向着潜艇游动过来。阿布吓得拽着肯博士的胳膊不放手，小鲁也紧张地盯着黑影的方向。黑影越来越近，终于露出了真面目，原来是一条巨大的蓝鲸，它好奇地在潜艇旁转了几下，又游走了。

原来是虚惊一场啊，三人终于松了口气。其实这并不奇怪，地球生命起源于海洋，目前，海洋里生活着 5000 多种生物，不过，能遇到世界上最大的动物也是一种幸运呢。

蓝鲸体长一般为 22~33 米，体重为 150~180 吨，相当于 2000~3000 个人重量的总和，是世界上最大的动物。但鲸属于哺乳动物，并不是鱼类。世界上最小的鱼类是胖婴鱼，体长只有 7 毫米。

“看，前面又有很多鱼游过来了。”小鲁惊喜地指着前面大喊。果然，在前方的水域，一大群鱼儿簇拥着游了过来。

肯博士若有所思地说道：“看来，我们到渔场附近了。”

在寒流和暖流交汇的海区，往往会形成较大的渔场。因为海水受到扰动，将下层营养盐类带到洋流表层，为鱼类提供食物，促进了鱼类大量繁殖。同时，两种洋流形成“屏障”，使鱼群集中。

你大概在想，什么是“洋流”呢？大洋表层的海水，常年大规模地沿一定方向进行的较为稳定的流动，就是洋流。如果尝过海水，你会知道，海水又苦又咸，因为里面含有盐分。不过海水含盐量并不均匀，所以这就造成了密度差，于是引起了洋流的运动。除了海水密度差，风也是引起洋流运动的动力。

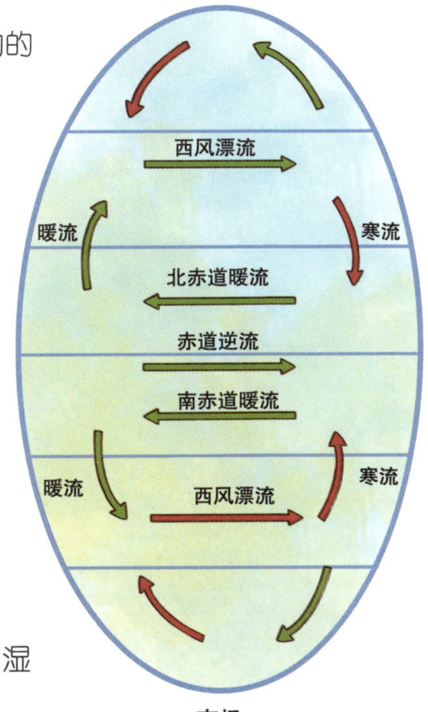

人们经过长期深入的研究，掌握了世界洋流的分布情况，洋流按其水温低于或高于所流经的海域水温，可分为暖流和寒流。暖流的水温比它流经海区的水温高，一般从低纬度流向高纬度。暖流经过的地区温度和湿度升高。寒流的水温比它流经海区的水温低，一般从高纬度流向低纬度。寒流经过的地区温度和湿度降低。

“这些鱼要游去哪里呢？”小鲁和阿布都很好奇。肯博士打开了他最新研发成功的动物语言翻译机，和鱼儿们交流了一番，原来，它们要去秘鲁渔场，那里可是著名的世界四大渔场之一。

肯博士点点头：“秘鲁盛行东南信风，风从陆地吹向海洋，沿岸表层海水离岸而去，底层海水便上升补充，将海底营养盐带至表层，浮游生物大量繁殖，为鱼虾提供了食物，因此形成了大渔场。那里确实是个好地方。”

小鲁提议，让潜艇护送鱼群一程，肯博士爽快地答应了。不知在前方他们还会不会遇到更奇怪的事情。

迄今为止，海洋里还有很多奥秘是我们未曾发掘出来的，那里蕴藏的丰富资源为人类带来了无限福利，难怪人们都把海洋视作巨大的宝库。

思考

海和洋有什么区别？海底是什么样子的？

模拟洋流运动

动手做一做下面的小实验，不用去大海，你就可以见识到洋流。

安全提示： 此实验需有家长陪同进行，实验用的溶液请勿饮用

实验准备： 同样大小的透明饮料瓶 2 个，软管 2 根，红色食用色素，蓝色食用色素，食盐，清水，热熔胶，夹子 2 个

实验过程：

1. 透明饮料瓶相对，同样高度的位置分别钻两个孔；

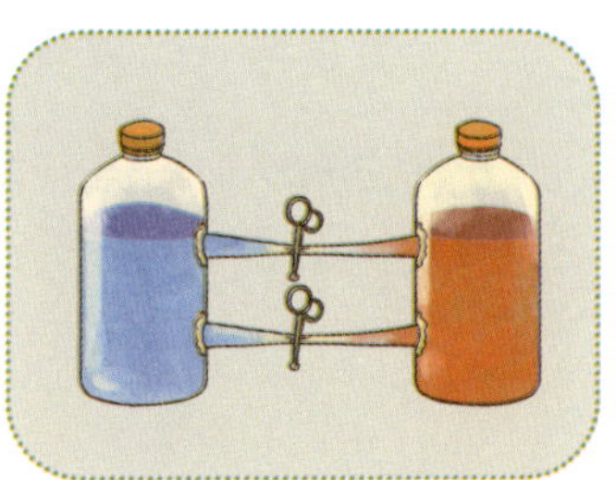

2. 将软管插进孔内，用热熔胶封好，软管中央用夹子夹住；

3. 在清水中滴入 3~4 滴红色食用色素，搅匀；

4. 在同样量的清水中滴入 3~4 滴蓝色食用色素，再加入 3 勺盐，搅匀；

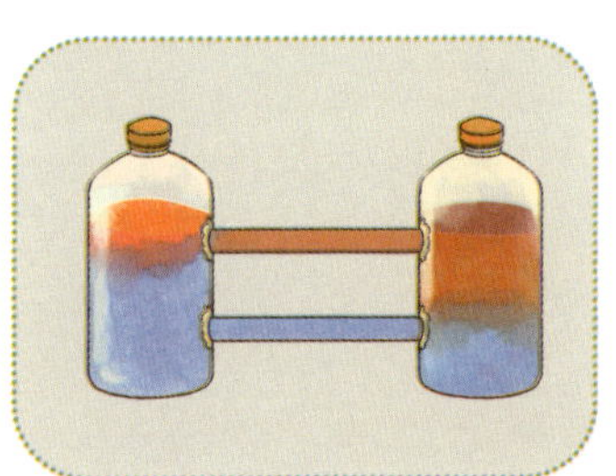

5. 蓝色溶液和红色溶液分别倒入两个饮料瓶中；

6. 松开夹子，可以看到，不同颜色的溶

液开始流动。

地理原理：海水含盐量不同而造成的密度差成为引起洋流运动的动力。

- 海和洋有明显区别：洋是海洋的主体部分，约占海洋总面积的90.3%，它的深度普遍大于2000米，由于远离大陆，不受大陆影响，洋的水温和盐度变化不大，每个大洋都有自己的洋流和潮汐系统；海是大洋的边缘部分，约占海洋总面积的9.7%，离大陆较近，受大陆影响很大。
- 在四大洋中分布了地球上规模最大的山脉，总长约6.4万千米，称为洋中脊。
- 洋流是指大洋表层海水常年大规模地沿一定方向进行的较为稳定的流动。洋流分为暖流和寒流。

会"喷火"的山

小鲁和阿布又发现肯博士躲在实验室里偷吃东西。看着他们责怪的目光，肯博士有点儿不好意思，他吞下最后一口蛋糕，努力为自己找了个借口。

“我在庆祝生日。”他说道。

这样的借口小鲁和阿布听过无数次了，他们根本不相信地说：“你说说，今天是谁的生日？”

没想到，肯博士还真的回答出来了：“一座会‘喷火’的山，在墨西哥首都墨西哥城以西约 320 千米远的地方，人们叫它‘帕里库廷’火山，这是一座年轻的火山，诞生于 1943 年 2 月 20 日。今天刚好是它 76 岁生日。”

肯博士一边说着，一边指了指旁边的日历，上面正好是 2 月 20 日。

火山是一种常见的地貌形态，按照火山活动情况可分为活火山、死火山和休眠火山。活火山是正在喷发的或周期性喷发的火山；休眠火山是人类有记载的历史以来，曾经喷发过，但长期处于静止状态的火山；在人类有记载的历史中从未喷发过的火山或丧失喷发能力的火山是死火山。

虽然知道是借口，不过还真是让人无法反驳。小鲁愣住了，还是阿布反应快，他问道：“为什么这座火山的诞生日期能这么精确呢？难道

是有人看着它诞生的吗？”

“是的，一个叫普里多的农民有幸目睹了它的诞生。”肯博士继续讲了起来，“当时，普里多正在自家的玉米地里干活，忽然，他发现地里的一个小洞冒出烟来，还嘶嘶作响。之后，‘轰隆’一声，小洞变成了一条大缝，冒出了很多浓烟。随着裂缝越来越大，还有许多石块、灰砂喷射出来。他和妻子、儿子还试图用石头去堵。但洞中很快涌出岩浆，喷出火山灰。当时，帕里库廷村的许多人闻讯赶来，目睹了这个地理奇观。他们亲眼看到这座火山从一座 2 米高的小丘，在三天内就变成了 60 米高的小山。在 1 年的时间内，这座火山长到了 336 米高。此后，它断断续续地喷发了 8 年，直到 1952 年才彻底停止喷发。”

“帕里库廷村的村民真幸运，亲眼看到了火山‘诞生’的整个过程。”肯博士有点儿羡慕地说，“这座叫作帕里库廷的火山为科学家研究火山提供了难得的实例。”

“这也叫幸运？住在火山附近，恐怕每天都要提心吊胆吧？”小鲁和阿布暗暗地想。

“肯博士，我们脚下不会也突然冒出一座火山吧？”阿布有点儿担心地问道。

肯博士笑了：“放心，火山不是雨后的蘑菇，不会那么容易冒出来的。”

岩浆一般在地下 70 千米至 220 千米的地方形成，在那里，固态和液态物质相混合，比较软，可以发生流动，地质学家称为软流圈。

岩浆在高温高压的环境下不断沿通道上升并挤压地壳，当遇到地壳的裂缝或地壳薄弱的地方，岩浆便趁机喷出地表，形成火山喷发。在大多数情况下，火山渣、熔岩等大部分火山喷出物开始在火山口附近层层堆积，形成圆锥形的火山锥。火山锥的顶端则形成大大的碗状火山口。有些火山会发生强烈的爆炸性喷发，而有些火山喷发形成的熔岩会像河流一样流淌，比如夏威夷式火山。这些熔岩温度极高，经过长时间的冷却后会变成火山岩。

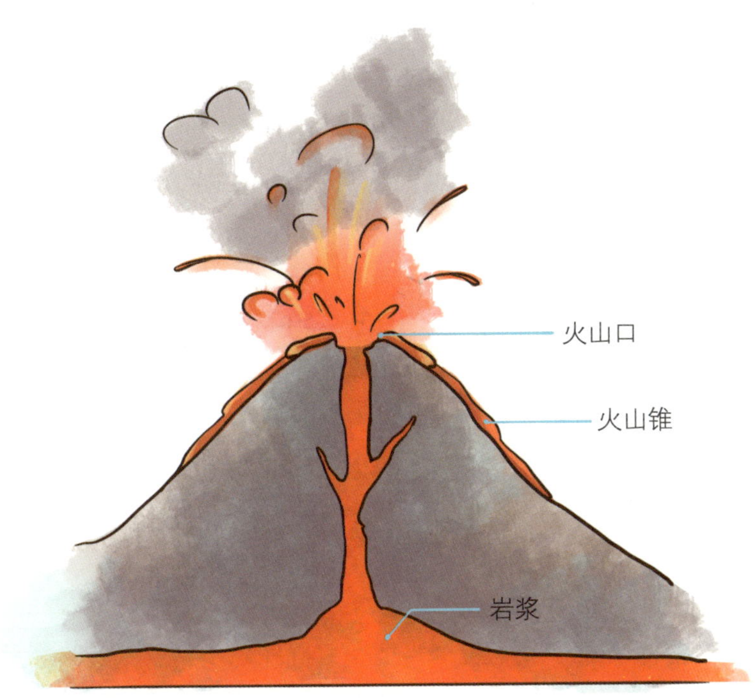

“这可是地球上罕见的自然奇观，不过火山的存在还是很令人生畏的。”说到这里，肯博士也不得不承认，火山爆发的威力令人惊叹，但也会给地球和人类带来很多危害。

火山爆发时会喷发出大量的火山灰以及气体，会严重污染空气。同时，火山灰弥漫在空气中，挡住了太阳光的照射，时间一长便会导致地球上的温度降低，植物枯萎。

不仅如此，火山喷发出的气体中含有硫黄、氯气等有毒物质，这些物质掺杂在雨水中，会形成破坏力极强的酸雨，腐蚀建筑并危害农作物的生长。堆积在火山锥上的火山灰和碎石如果遇到暴雨会形成泥石流，冲毁道路、村庄。

肯博士拿出了一张照片，那是他和一座火山的合影，小鲁和阿布顿时对他投去了崇拜的目光。

肯博士得意地说道：“这是世界上最著名的火山之一——维苏威火山，别看它现在这么安静，它可是被誉为‘欧洲最危险的火山’，这里设有世界上最大的火山观测站。公元 79 年，这座火山曾给意大利的庞贝城带来过一场可怕的噩梦。”

公元 79 年，位于意大利南部的维苏威火山突然喷发，铺天盖地的火山灰和熔岩流一夜之间就把附近的城市全部淹没，其中包括当时繁荣的庞贝城。庞贝城在 18 世纪被考古学家从火山灰中发掘出来，现在已经成为意大利的旅游胜地。

阿布听了，打了个冷颤：“肯博士，你居然去过这么危险的地方。”

肯博士说道："你们不要对火山抱这么大的偏见嘛，火山喷发产生的不全是负面的影响，它也给人们带来了益处。火山灰富含很多有益的矿物质，适合农作物生长。"

比如印度尼西亚的爪哇岛，就是因为活火山不断地给土壤添加火山灰，成为世界上最肥沃的土地之一，那里的水稻可以一年三熟。火山活动使地下水被加热，形成温泉、热泉。此外，很多宝石如钻石、红宝石、碧玺，以及许多金属矿产都与火山活动密切相关。

并不是所有的岩浆都能喷出地表，没有喷出地表的岩浆会形成侵入岩，如盛产钻石的金伯利岩。

"这么说，火山虽然很危险，但是生活在火山附近也是个不错的选择呀。”小鲁听明白了，“不仅庄稼收成好，还能天天泡温泉，或许我们还能收获几颗钻石呢。”

听他这么一说，阿布也兴奋起来了，不住在火山附近，去看看真正的火山也好啊，他问道：“肯博士，我们在哪里可以看到火山呢？”

我国有很多著名的火山，它们喷发后形成了美丽的自然景观，是我们旅游观光的好去处。你可以到黑龙江的五大连池世界地质公园，去领略五个串珠状湖泊形成的美丽风景，它是由火山喷发的熔岩流拦截古河道而形成的，五大连池也由此而得名。也可以去广西的北海涠洲岛火山国家地质公园，一边欣赏海景，一边观赏千姿百态的火山岩……

阿布在纸上记下了一串地址：琼海口火山群世界地质公园、雁荡山世界地质公园、吉林长白山火山国家公园……他打算假期按照肯博士的

推荐去几个著名的地质公园，寻找火山喷发之后留下的痕迹。

小实验

模拟火山爆发

动动手，和爸爸妈妈一起做一个迷你“火山”吧。

安全提示： 此实验需在父母陪同下完成，避免实验液体进入眼中

实验准备： 洗洁精，小苏打，白醋，红墨水，窄口瓶，纸杯，筷子

实验过程：

1. 在纸杯中倒入小苏打、洗洁精、红墨水和适量水，用筷子搅拌均匀；

2. 把上一步做好的液体倒入窄口瓶中；

3. 在窄口瓶中倒入白醋，就会看到红色的泡沫从瓶口冒出来。

地理原理： 小苏打和醋反应产生大量二氧化碳，二氧化碳气体不断将洗洁精吹出泡沫，掺有红墨水的红色泡沫从瓶口喷涌而出，就像火山爆发一样。

- 火山是一种常见的地貌形态，分为活火山、死火山和休眠火山。
- 岩浆是软流层中呈熔融状态的物质。
- 岩浆在高温高压的环境下不断沿通道上升并挤压地壳，在地壳的裂缝处或地壳薄弱的地方喷出地表，形成了火山喷发。

大自然的馈赠

肯博士已经接连几天躲在实验室里没有露面了。小鲁和阿布都很担心，布马 1 号向他们透露，肯博士在研发一种新能源。

原来，几天前，肯博士观看了一部灾难片：地球上的能源全都消耗殆尽了，人类面临空前的危机，没有电灯照明、没有燃气做饭、没有空调调节温度，也没有汽车可以乘坐……

“这真是太可怕了！”看过电影后，肯博士开始为地球上的资源担心起来。

地球原本是颗资源丰富的星球，不但拥有空气、水、土地、森林、草原，还有各种矿藏和能源，这些资源不仅保证了人类的生存，还为我们的生活带来了各种便利。

在自然中产生的，能够被人类加以利用的资源称为自然资源。

“自然资源嘛，我知道，石油就是自然资源。”小鲁和阿布刚刚上过科学课，老师曾在课上讲过，石油是古代海洋或湖泊中的生物经过漫长的演化形成的，是大自然的产物。

听到“石油”两个字，实验室的大门突然打开了，肯博士从里面冲了出来，原来这几天他就是在寻找石油的替代品。

石油被称作“工业的血液”，是世界上最重要的能源之一。也有人把它叫作“黑色的金子”，可以看出它是多么珍贵。

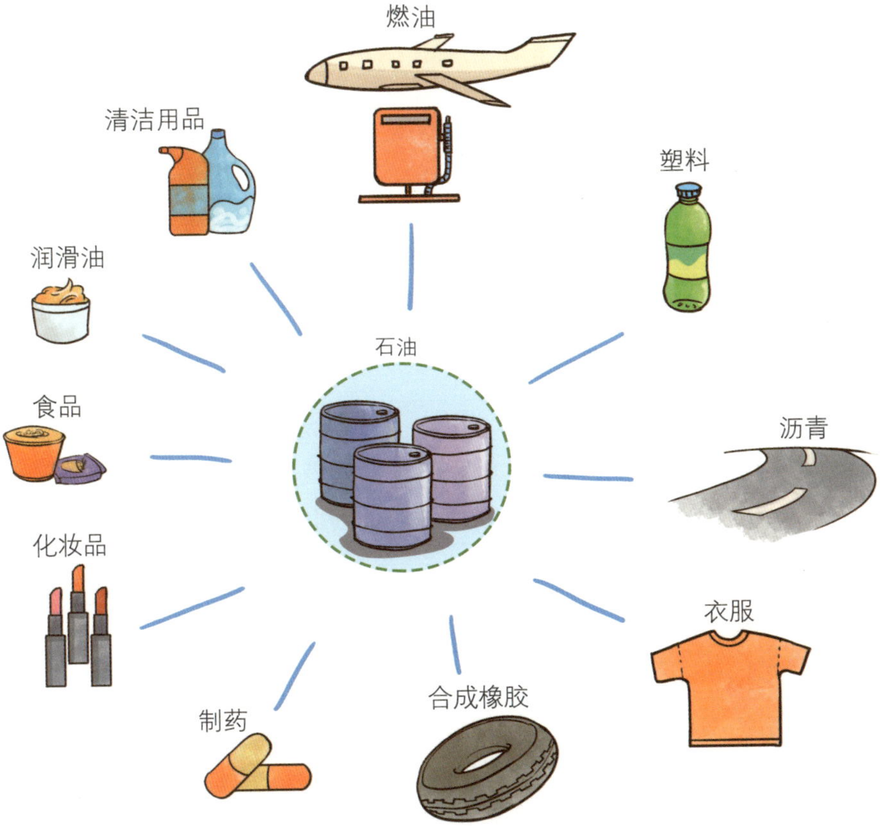

燃油
清洁用品
塑料
润滑油
石油
食品
沥青
化妆品
衣服
合成橡胶
制药

石油的用途很广泛

“石油是不可再生资源，它的形成周期至少要以百万年来计算。可是，我们生活中很多地方偏偏离不开石油。”肯博士对小鲁和阿布说道。

怎样才能避免出现能源危机呢？

石油是制造燃料的重要原料，飞机飞行、汽车行驶都离不开它；人们在生活中使用的各种塑料制品也都是石油产品；石油还经常被用来制作润滑剂，如果没有它，各种机械的运转就会出现问题……

石油用途广泛，但它并不是取之不尽的，地球上的石油资源十分有限，而且分布不均匀，目前可以开发利用的石油主要集中在中东地区。随着工业的迅速发展，石油的消耗速度远远超过了它的形成周期，所以为了避免出现能源危机，人们也在不断寻找可以替代它的新能源。

像石油这样的化石燃料，还有各种金属、非金属矿物，需要经过极其漫长的地质年代才能形成，因此人们称它们为不可再生资源。

肯博士已经忙碌了几个昼夜了，可依然没有新发现。是呀，要寻找新能源可不是一件容易的事。

“肯博士，地球上难道就没有可以循环利用的资源吗？”小鲁问道，他也很为地球担心。

肯博士想了想，回答：“当然有，地球上有不少理想的自然资源，只是人们还在探索怎样才能将它们合理利用。比如风，它是一种随处可见的自然现象，但它被人们利用后就会变成自然资源。”

举个例子，我国甘肃省瓜州县被称为“世界风库”，那里常年大风不断，尤其是春季，8 级大风更是司空见惯。那里的人们曾经对此叫苦不迭，当地还流传着一首民谣：无风满地沙，有风不见家。小风填满渠，大风埋了家。沙丘压良田，流沙埋庄稼。可见当时那里的人们对大风有多厌恶恐惧。不过，20 世纪 50 年代，瓜州建立了风电场，变害为宝，昔日的“世界风库”变成了“风电王国”。

除了风能，太阳能、水能、地热能、潮汐能等都能够被人们利用，而且可以反复利用，所以人们将它们称为可再生资源。

太阳能也是一种理想的自然资源，人们已经尝试开发出了许多太阳能的用法，比如太阳能电池就是将太阳光中的能量转化为电能。除了太阳能，地热能也可以用来发电，还可以用来供暖。

“原来地球上有这么多可以重复利用的资源啊。”小鲁和阿布都松了口气。

肯博士严肃地说道：“不要以为可再生资源就是取之不尽，用之不竭的，它们的确在短时间内可以更新、再生，但是如果不合理保护，再生资源也很有可能变成不可再生资源。”

还有这种事？小鲁和阿布吃惊地瞪大了眼睛。没错，森林就曾经被人们当作可以不断获取的可再生资源，然而事实证明，由于过度砍伐，

世界上森林的面积正在逐渐减少，根据世界银行的数据，巴西在不到 30 年的时间里，森林面积缩小了 53.16 万平方千米，面积比西班牙、德国等国的国土面积还要大。

看来，在寻找新能源的同时，保护现有的自然资源也是一件刻不容缓的事情。忧心忡忡的不仅仅是肯博士，全世界的人都在为资源保护寻找办法。比如我国颁布了《森林法》《矿产资源法》等，对自然资源的利用进行监督和保护。还有近几年受到推广的垃圾分类，不但可以防止土地、地下水受到污染，还可以将可重复利用的资源再回收，避免浪费。

“对呀，虽然没有找到新的资源，但我们可以想办法保护可重复利用的资源呀。”肯博士受到了启发，他准备制造一台专门回收垃圾的机器人，小鲁和阿布兴高采烈地去为他帮忙了。

思考

什么是自然资源？哪些资源可以反复利用？

小游戏

垃圾分类

将下列的垃圾分分类，并把序号填写在相应的括号里。

肖博士说

- 在自然中产生的，能够被人类加以利用的资源称为自然资源。
- 不可再生资源指经人类开发利用后，在相当长的时期内不可能再生的自然资源。
- 可再生资源亦称再生性资源，指消耗以后可以在较短时间内再度恢复的资源。可再生资源并非用之不尽，如果不合理保护，可再生资源也有可能变成不可再生资源。
- 能源资源是在社会经济技术条件下可为人类提供大量能量的物质和自然过程，比如太阳辐射的能量、地热能、核能、海洋能、生物能和风能等。

小游戏答案